U0906871

广东省第五届高校（本科）青年教师教学大赛成果集萃

广东省教育研究院　编

广东高等教育出版社
Guangdong Higher Education Press
·广州·

图书在版编目（CIP）数据

广东省第五届高校（本科）青年教师教学大赛成果集萃/广东省教育研究院编. —广州：广东高等教育出版社，2021.12

ISBN 978-7-5361-7090-2

Ⅰ.①广… Ⅱ.①广… Ⅲ.①高等学校—教学研究—文集 Ⅳ.①G642.0-53

中国版本图书馆 CIP 数据核字（2021）第 173227 号

广东省第五届高校（本科）青年教师教学大赛成果集萃

GUANGDONG SHENG DI-WU JIE GAOXIAO（BENKE）QINGNIAN JIAOSHI JIAOXUE DASAI CHENGGUO JICUI

出版发行	广东高等教育出版社
	社址：广州市天河区林和西横路
	邮编：510500　营销电话：（020）87554152　38493773
	http://www.gdgjs.com.cn
印　刷	广州市番禺区友联彩印厂
开　本	787 毫米 1 092 毫米　1/16
印　张	13.25
字　数	284 千
版　次	2021 年 12 月第 1 版
印　次	2021 年 12 月第 1 次印刷
定　价	42.00 元

前 言

为深入贯彻中共中央、国务院《关于全面深化新时代教师队伍建设改革的意见》，落实全国教育大会精神和“立德树人”根本任务，广东省总工会、广东省教育厅于2020年联合举办了广东省第五届高校青年教师教学大赛（以下简称“教学大赛”）。教学大赛由广东省教育研究院、广东省教科文卫工会承办，分本科组、高职组两个组别进行。教学大赛于2020年4月启动，历经学校初评、网络评审、现场决赛、总决赛环节。教学大赛以“上好一门课”为理念，决赛项目由教学设计及课件、课堂教学、教学反思、主题演讲和现场答辩五部分组成，重点考查参赛教师的教育教学理念和能力。

本科组教学大赛共设有文科一组、文科二组、文科三组、理科组、工科组、医科组和思想政治理论课组7个小组。经全省67所本科院校初步筛选、推荐，共404名青年教师进入网络评选环节，经评选，先后有105名青年教师参加现场决赛，11名选手进入总决赛。经专家公平公正评审，最终评选出一等奖35名，二等奖70名，三等奖98名，并推荐总决赛各小组第1名选手参加国赛。

教学大赛在社会上引起了广泛关注，受到高校青年教师的热烈欢迎和一致认可，不少教师向组委会反映，希望能更好地学习优秀选手在教学方面的宝贵经验和做法。为回应广大本科院校青年教师的真切诉求，大赛组委会经研究，决定出版《广东省第五届高校（本科）青年教师教学大赛成果集萃》。本书由部分一等奖获奖选手现场决赛时的教学设计（1课时）、教学反思以及教学课件、教学录像结集而成。前两者采取书面形式，后两者采取扫描二维码获取或观看的形式，从教学设计、教学实施到教学反思，全过程予以呈现。读者可以全面系统地把握部分获奖选手的教学设计理念、课堂教学技巧和课后的教学反思。应部分获奖选手的要求，本书选用其在总决赛阶段的相应教学材料设计案例。希望本书的出版，能进一步激发广大高校青年教师锤炼教学基本功、更新教育理念和掌握现代教学方法的热情，提升青年教师教学能力和水平，有助于广大青年教师努力成为有理想信念、有道德情操、有扎实学识、有仁爱之心的“四有”好老师。

《广东省第五届高校（本科）青年教师教学大赛成果集萃》的出版，得到了广东省教科文卫工会，广东省教育厅高等教育处、师资管理处、思想政治工作与宣传处领导的高度重视，也得到了广东高等教育出版社的大力支持，在此谨对他们表示衷心的感谢。

由于我们能力有限，加之时间仓促，难免有疏漏欠妥之处，敬请读者批评指正。

编委会
2021 年 6 月

广东省第五届高校（本科）青年教师教学大赛一等奖获奖名单

文科一组（哲学、教育学、法学）

郭世强	暨南大学
詹莹莹	华南师范大学
滕　飞	华南师范大学
戴　鹏	广东警官学院
邵兆颖	华南农业大学

文科二组（管理学、经济学）

陈晓敏	华南农业大学
谭有超	暨南大学
卢　玲	广东科技学院
郑　贤	暨南大学
刘　莹	广东金融学院

文科三组（文学）

戚芳妮	华南农业大学
夏宝君	华南师范大学
黄雅堃	暨南大学
彭雨晴	广州大学
戴一菲	广州大学

理科组

许桂清	华南师范大学
李　朗	华南农业大学
曹　静	华南农业大学
陶　佳	华南理工大学
姚婉清	嘉应学院

工科组

邱　权	华南农业大学
朱思祁	暨南大学
倪　贺	华南师范大学
钟晓静	广州大学
郝　刚	广东技术师范大学

医科组

张田甜	暨南大学
陈金玉	南方医科大学
韩　日	南方医科大学
彭　锐	广州中医药大学
李劼若	暨南大学

思想政治理论课组

张永刚	华南师范大学
何小勇	暨南大学
张芳芳	广东工业大学
王静仪	广州商学院
周志鹏	广州工商学院

目 录

文科一组（哲学、教育学、法学）

文科二组（管理学、经济学）

文科三组（文学）

理科组

工科组

医科组

思想政治理论课组

文科一组（哲学、教育学、法学）

人生为何

华南师范大学　詹莹莹（文科一组：哲学）

作者简介：詹莹莹，女，华南师范大学哲学与社会发展学院教师，清华大学哲学博士，哈佛大学哲学系访问学者，从事美德伦理与道德目的论研究。主讲课程为“生命与哲学”“道德哲学专题研究”“中国伦理学史”等。主持国家社科基金青年项目“现代性视阈中美德与规范的融合研究”，广东省“十三五”规划项目“康德道德哲学中的目的论研究”。在《哲学研究》《伦理学研究》等期刊发表论文多篇。2020年获广东省第五届高校（本科）青年教师教学大赛文科组一等奖。

课程名称：生命与哲学
学时：1学时

一、学情与内容分析

（一）学情分析

学习本节课的学生特点主要有五个方面：（1）来自不同专业，受哲学训练较少，但对哲学充满兴趣；（2）不同专业背景共同学习，更有利于组织多视角讨论；（3）哲学观念的理解较容易受流俗观念影响；（4）较少有主动阅读哲学经典的意识，对“大部头”的论著兴趣不大，对抽象的哲学概念没有亲近感；（5）以“00后”学生为主，更习惯碎片化阅读和电子书阅读，熟悉线上交互模式。

（二）内容简介

本节课为导论课（共3学时）的第一节课，即小结课（1学时）。在教学设计中思考和讨论的重点议题是“关于人生价值与意义的哲学思考”，引导学生从个人生活史中体会自我认同与精神成长的经验。教学内容如图1所示。

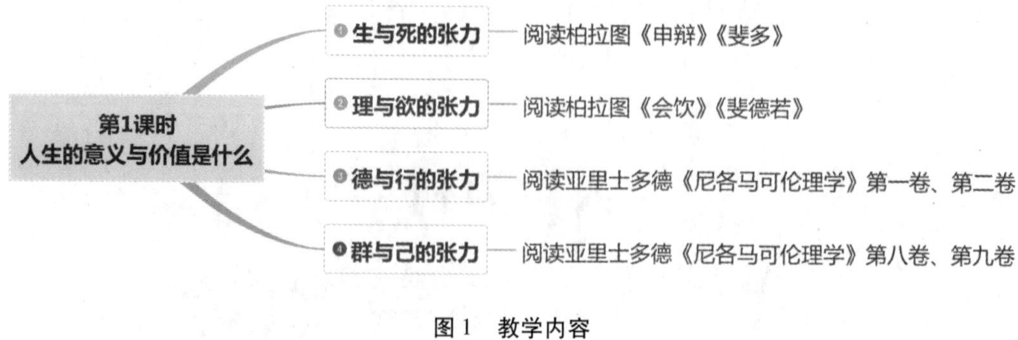

图1　教学内容

二、教学目标分析

（一）知识目标

理解哲学思维方式的基本特征。

（二）能力目标

提高批判性思考的能力。

（三）素养目标

引导学生了解和认识哲学思想经典及其当代价值，培养其对个体生活价值和实践行为等一系列问题进行反思的意识。

三、教学重点与难点

重点：日常思考与哲学思考的区别。

难点：古希腊哲学家对于人生问题的哲学思考。

四、教学策略与方法

（一）教学策略

（1）针对重点“日常思考与哲学思考的区别”，通过日常生活中常见的事例进行讲解，对比常识思考方式与哲学运思方式之间的差异，促使学生发现并理解哲学思维的作用和价值。

（2）针对难点“古希腊哲学家对于人生问题的哲学思考”，结合课程设计的思路和主旨进行剖析，启发学生进一步思考“我应该如何生活”这一人生哲学的根本问题。

（二）教学方法

探究式教学法、举例论证法。

五、教学资源

教学课件、微课视频、电子书等。

六、教学过程设计与实施

扫一扫
获取教学课件

本节课教学过程设计与实施如表1所示。

表1　教学过程设计与实施

教学环节	教学过程	设计意图
聚焦问题	**第一环节：聚焦问题** 话题引入：人生为何？（多选题） **国王的困惑** ○国王：世界上最美好的事情是什么？ **○西勒尼(Silenus)：不要出生。** ○国王：世界上次好的事情是什么？ **○西勒尼(Silenus)：快快死掉。** **尼采的困惑** ○人生如此短暂， ○生活苦多乐少， ○人总要面临死亡， ○那为什么我们要活下去？ 通过讲述尼采在《悲剧的诞生》中提到的两个困惑，引发学生思考“活着是一件坏事吗”，进而讨论“人生的意义是什么”。在日常生活中，我们会肯定那些追求财富、荣誉、快乐的生活，认为这能实现人生的意义和价值。但在哲学家眼中，面对有限的人生和苦多乐少的生活，到底如何才能活出人的尊严和价值才是最值得思考的问题，而这也是“生命与哲学”课程关注的核心问题。尼采充分肯定了古希腊哲学对这个亘古问题讨论的力度和厚度，课程也将围绕古希腊哲学经典著作的阅读和分析而展开	第一环节以日常感受为基础启发学生思考人生价值与意义的问题，并介绍哲学家的观点
课程介绍&深入探究	**第二环节：从生活到哲学** 苏格拉底之问：我应该如何生活 教师讲授：从日常生活中的“应该”过渡到哲学讨论的“应该”，提出苏格拉底的经典问题——我应该如何生活。 而且他也提出了人生三问，即：人为何而活？人应该如何生活？人如何过上美好生活？这为我们讨论和理解人生问题提供了一个视角	第二环节引导学生从日常化的思考上升到哲学化思考，从而更好地呈现常识思考方式与哲学运思方式之间的差异，理解哲学思维的作用和价值；通过设计

续上表

教学环节	教学过程	设计意图
	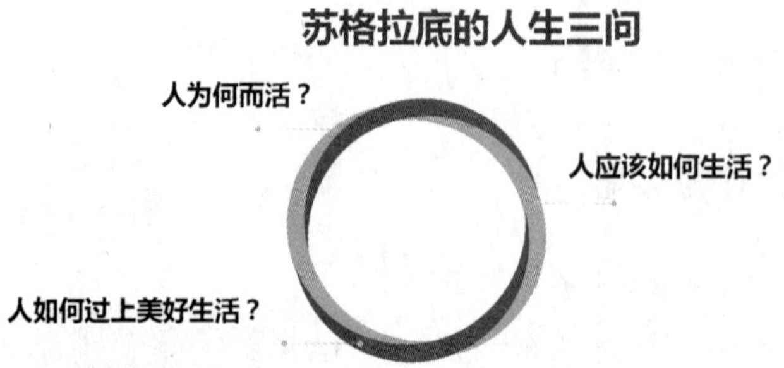 **苏格拉底的人生三问** 人为何而活？ 人应该如何生活？ 人如何过上美好生活？	连环问题，促使学生从日常思考上升到哲学思辨
课程介绍&深入探究	**第三环节：课程介绍** 课程针对苏格拉底的人生三问，围绕古希腊哲学经典文本和核心话题展开，介绍课程的结构、讨论的主要问题和对应阅读的文本，然后回到最初的人生三问，从时间维度理解其哲学内涵，并进一步指出课程的主旨。  柏拉图对话录四篇 《申辩》《斐多》《会饮》《斐德若》 情与理的张力 生与死的张力 爱是永恒 追寻幸福 美美与共 向死而生 德与行的张力 群与己的张力 亚里士多德《尼各马可伦理学》第一卷、第二卷 第八卷、第九卷 课程围绕“理解和反思生命，认识和塑造自我”的核心，以“过去、现在、未来”的时间维度为横轴，以“自我、社会、国家”的关系维度和“生死、理欲、德行、群己”的思辨维度为纵轴进行拓展，结合哲学文本中讨论生命活动特征的关键内容，以经典为纲目，以问题为线索，分专题深入探究哲人的生命智慧及其时代价值。 课程主要分为两个模块：第一个模块是“生与死”，讨论“向死而生”的主题，处理生与死之间张力的哲学问题，尤其着重讨论如何坦然面对死亡，又如何可能实现永生的问题。 然而，理解死亡是为了更好地理解生存，所以在此基础上，第二个模块为“自我与共同体”，包括“爱是永恒”“追寻幸福”“美美与共”三个核心主题，分别对应理与欲、德与行、群与己的三大张力，逐层推进讨论如何实现美好生活的问题。以“人生为何”和“哲学何为”为根本问题，具体讨论八个与现实密切相关的人生价值问题	第三环节介绍课程的设计思路和主旨，以此说明以哲学为通孔理解生命的基本向度，引导学生更为深入地思考人生价值和意义的问题，产生新知

续上表

教学环节	教学过程	设计意图
课程介绍&深入探究	死亡真是一件坏事么？ 我们如何追求永生？ 快乐是不是人生最高的价值？ 好品德与好行为哪个更重要？ 生与死　理与欲　德与行　群与己 爱是基于情还是基于理？ 只有精神爱恋才是永恒的么？ 什么是合宜的交友之道？ 我们为什么需要共同体？	
课堂小结	**第四环节：小结** 教师讲授：课程目标详解 课程以生命教育为体，以专业能力为用，引导学生思考自己能够做什么以及应该做什么，同时也思考能为社会和国家做什么，进而身体力行，成为积极健康、敬业乐群、爱己爱人、奋发向上的时代青年。 学生通过课程学习，希望能够达成“拓展思考能力的深度”“增进快乐人生的热度”“包容接纳异己的风度”“胸怀天下宇宙的气度”“追求卓越生命的高度”的五度人生，进而开创美好生活，造福家邦。 学生活动：扫码填写教学评价	第四环节通过说明课程的主旨目标，使学生能够对本学期教学理念有所体会，启发学生进一步思考“我应该如何生活”这一人生哲学的根本问题
课后拓展	教师：布置阅读任务，提出思考题，并提供可进一步阅读的书目。建立微信群，发布电子资料。 学生活动：阅读和思考哲学经典	激励学生进一步阅读经典著作，独立思考，并参与小组活动

七、教学反思

作为通识课，本课程以理解生命为旨，以阅读经典为依据，以哲学问题为线索，结合线上线下混合教学，通过文本分析研讨展开。基于学生来自不同专业，对哲学思想和文本的了解深浅不一，导论课主要介绍课程的定位、结构、内容和目标，引导学生从思辨角度探讨“生命的价值”。整体而言，教学推进节奏适中，核心内容得到了充分论述，教学目标达成。

如威廉·詹姆斯所言：“时代的哲学气候不可避免地影响着每一个人。”从教学互动看，学生对哲学问题葆有兴趣，对思想经典持敬畏之心，对生命价值存在困惑。本课以讨论“人生为何”为契机，进而讨论生与死、理与欲、德与行、群与己四大张力，试图从柏拉图、亚里士多德等的文本中精选对应章节和思想深入探究，希望引导学生从个体经验中感知生命的温度与厚度，从观照自我出发，关心他人、关怀天下，进而产生追求卓越人生的勇气与睿智。

当然，如何将哲学文本贯穿到学生现实生存中，真正让学生体会经典思想的强大生命力是本课最大的挑战。未来的教学中可通过增加前沿动态介绍和中西哲学思想对比，增加与大学生生活相关的事例，从不同角度拉近学生与经典的距离，引导学生对人生产生更深的思考，激发深入研究的动力。

外表吸引力

华南师范大学　滕飞（文科一组：教育学）

作者简介：滕飞，女，博士，华南师范大学心理学院副教授、硕士生导师。广州市人文社科重点研究基地“幸福广州”心理服务与辅导研究中心特聘专家，中国心理学会青年工作委员会委员。本科就读于中国人民大学商学院，硕士毕业于北京大学心理系，并于香港大学取得心理学博士学位。研究方向为社会心理学和人格心理学，重点关注环境对个体的塑造与个体对社会生活的适应和改造，以及个人在社会中的应对和调整。主持包括国家级课题、省部级课题和横向课题在内的多项课题，主持多项省部级、校级教改项目，作为主要参加人参加国家社会科学重大项目、香港研究基金项目等多项科研项目。在国内外核心期刊发表研究成果30余篇。曾获广东省第四届高校青年教师教学大赛三等奖。2020年获广东省第五届高校（本科）青年教师教学大赛文科组一等奖。

课程名称：社会心理学
学时：1 学时

一、学情与内容分析

吸引力方面的内容是学生比较感兴趣的。大学生由于其年龄特征和生命发展周期，使得其对于人际关系方面不论是亲密关系还是朋友关系都充满渴求，在过去的生活经历中也有很多主观体验。学生对人际关系背后的心理与机制有过一些初步的思考和分析，但是缺乏系统的理论的支持，所得的结论可能相对片面和单一，其价值判断也有简单的二分法的趋势。同时由于研究技能的缺乏，学生也很少在生活中真正地为解决这一问题做过相应的研究实践。因而本部分教学重点就是让学生通过多种不同的教学方式深刻地理解吸引力的心理机制和原理，而本节课的教学难点便是使学生可以辩证地看待外表吸引力与人际吸引之间的关系，并有效利用所学知识改善自己的人际关系，达到人际和谐。

二、教学目标分析

（一）知识目标

让学生通过课堂讲授、小组讨论和课堂活动等理解和掌握外表吸引力相关的基本原理和法则。

（二）能力目标

让学生能够将吸引力相关知识应用于实际生活中以提升自身的人际吸引力，促进人际和谐，同时掌握相关方向基本研究方法和手段。

（三）情感态度目标

让学生能够辩证地看待吸引力及其影响因素（如虽然外表吸引力可以影响吸引力水平，但同时情感的深度也会影响对关系对象吸引力水平的判断），能够对吸引力的形成与维持有积极的态度。

三、教学内容与重难点

本课程教学内容选自“主题五：人际关系”，共1学时。主要通过教师讲授结合学生自主学习的方式学习助人行为相关知识点与原理，具体内容如下。

（1）外表吸引力的影响因素：主客观因素。

（2）外表吸引力对人际关系的具体影响（重点）。

（3）外表吸引力对人际关系的影响机制（难点）。

四、教学策略与方法

（一）总体教学设计

本课程的总体教学设计如图1所示。

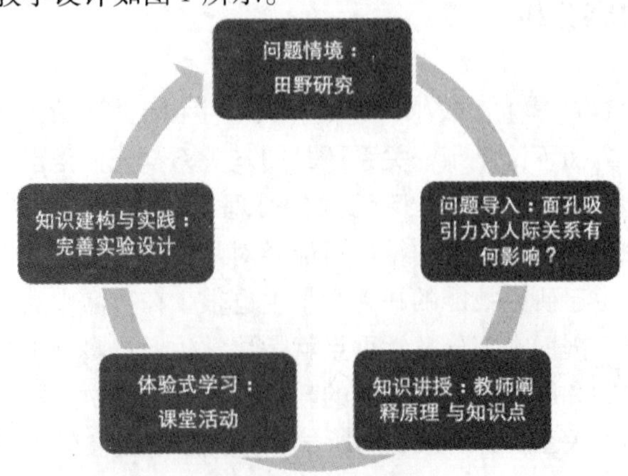

图1　总体教学设计

（二）教学设计理念

本课程以建构主义思想为教学指导思想，首先引导学生从真实社会情境中追寻问题情境，让学生通过填答问卷的方式进入思考，并提出核心问题：吸引力对人际关系来讲是最重要的吗？其次为贯彻从传统的“以教师为中心”向“以学生为中心，教师为辅助”的模式转化，从“教师独白”走向“师生对话”，从“个体孤立式学习”走向“合作式学习”，在教学过程中采用翻转课堂、课堂讨论等教学方式，并辅以教师对核心知识点如吸引力的基本理论及其对人际关系的影响等相关概念原理的阐释，促进学生的自主、主动学习和新的知识与价值体现的建构。最后设计课后实践任务，让学生有机会将新的知识体系应用于实践，并接受实践的检验，在实践中不断完善。

五、教学过程设计与实施

扫一扫
获取教学课件

（一）教学时间进度流程图

本课程的教学时间进度流程如图 2 所示。

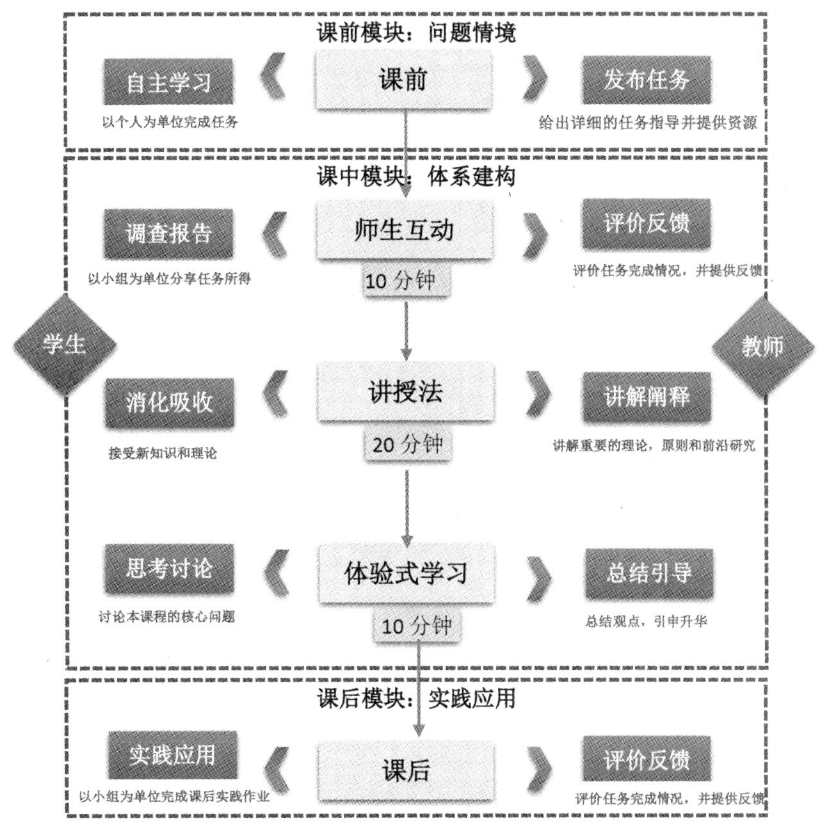

图 2　教学时间进度流程图

（二）教学过程设计

本课程教学过程设计如表1所示。

表1　教学过程设计

<table>
<tr><th colspan="2">教学阶段</th><th>教师活动</th><th>学生活动</th><th>任务目标</th></tr>
<tr><td colspan="2">1. 课前模块（问题情境）</td><td>确定问题：人际吸引的心理机制是什么？
（1）学情分析，教学内容选择、知识点整理；
（2）发布学习任务单、教学资源及课前测试题；
（3）为学生顺利完成课前任务提供必要的在线指导</td><td>了解课程信息，熟悉学习资源，组建学习小组，并单独完成课前任务，进入问题情境。让学生上网填答一份问卷，回答并列出人际吸引中最重要的因素是什么，按重要程度排序。（例：学生回答“你觉得影响人际吸引力的因素是什么？请按照重要程度列出至少5个因素”）</td><td>通过自主学习的体验式学习方法，主动模拟社会现实，进入问题情境</td></tr>
<tr><td rowspan="3">2. 课中模块</td><td>（1）师生互动</td><td>公布课前问卷调查的结果，由此引导学生讨论人际关系对于个体的作用和功能，并引导学生初步得出人际吸引影响因素的结论</td><td>学生结合教师对于问卷调查的反馈，认真分析人际吸引的因素，并结合自己的答案，比较自己与他人观点的异同</td><td>通过师生互动的方式，进行自主的知识总结和归纳，主动发现问题，并在原有知识体系基础上给出适当的问题解答</td></tr>
<tr><td>（2）教师讲授</td><td>教师就本课程中的重要知识点、对助人的重要理论、共情相关知识与原理等进行阐释和总结</td><td>认真吸收消化重要的知识和理论，并与教师在互动中整合新的知识</td><td>学生在接受知识的过程中，重新检视原有的知识体系，将新的理论和知识纳入原有体系中，实现知识体系的重构</td></tr>
<tr><td>（3）体验式学习</td><td>组织学生进行课堂活动，并且通过课堂活动进一步促进学生对知识的理解，同时在这一过程中进行适当的价值引导。引导学生正确全面地理解外表吸引力与人际关系背后的关系机制。课堂活动是可以帮助学生从多个角度更直观地理解人际关系的心理机制</td><td>邀请10名男生和10名女生进行课堂活动，各自被随机分配1～10中10个数字中的任意一个，并将数字写于纸上贴在额头（注：参与者本人并不知晓自己被分配的具体数字，但是观众可以知晓）。接下来的任务是每个人需要选择一个异性配对，目标是让彼此被分配的数字之和最大。活动结束后引导学生就活动内容和结果进行讨论</td><td>学生通过亲身参与活动，学会辩证地看待社会问题，并继续重新检视原有的知识体系，将新的理论和知识纳入原有体系中，巩固知识体系的重构，并在教师的引导下进行价值体系重构</td></tr>
</table>

续上表

教学阶段	教师活动	学生活动	任务目标
3. 课后实践模块（实践应用）	指导学生通过新建构的知识体系应用于实践，并接受实践的检验。通过学生的课后作业评估学生的知识和技能掌握程度及情感态度状态，与课程目标对比，查缺补漏，针对性指导	完成课后作业： 分析外貌刻板印象可能的消极影响，并提出干预方案，以减弱其消极影响	学生将新的理论和知识应用于实践活动，并接受实践的检验，在实践过程中评估自己的学习效果，进一步巩固和完善知识和价值体系

六、教学评价

本课程的重点在于学生对于相关知识的掌握和实际生活的应用。评价方法应该从知识掌握情况、实践能力和情感态度三个方面考查教学效果。

（1）过程性评价——学习、审思。学生在教学过程中的表现，如上课发言及参与活动的情况等，反映其对所学内容的领悟和理解的水平、知识体系的建构、研究技能的掌握。

（2）形成性评价——自主、创新。通过学生完成课后作业的水平和质量来考查其对知识点的掌握和理解、领会与运用，考查其对问题是否有创新的视角和见解、是否能够独立思考和有辩证思维。

（3）总结性评价——关怀、担当。通过学生在教学中的表现和作业中的内容，考查学生是否能够辩证地看待外表吸引力与人际关系之间的关系，并有效利用所学知识改善自己的人际关系，达到人际和谐。

七、教学反思

（1）课程目标：在科学知识指导下重新发现自我与社会，培养社会关怀与责任。

（2）教学理念与方法：本课教学理念是建构理论，让学生通过体验式学习，发现原有知识结构局限，并通过自主学习和师生交流重构知识体系，最后通过社会实践将新知识结构应用于解释和指导社会现实，接受现实检验。

（3）教学过程：

①构建问题情境，让学生根据社会现实思考“颜值经济”时代外表吸引力为何备受重视。

②明确问题，即外表吸引力有怎样的影响及其机制。

③通过翻转课堂的设置，让学生主动认知其知识体系的匮乏，即知其然而不知其

所以然。

④通过师生交流和自主学习，重新构建认知体系，了解外貌刻板印象的作用及机制。

⑤思考和应用，如何辩证地看待外表吸引力，如何削弱外貌刻板印象的消极作用。

（4）改进与提升：虽教学过程基本贯彻教学理念，达成教学目标，但如下方面可改进提升。

①给出知识与原理时，适当增加学生自主思考和推导的时间，促进学生知识体系的自我建构。

②课堂活动中可让学生先分享其活动结果，后组织讨论，使学生在协作学习中完成知识梳理。

③教学过程中增加研究方法的探讨和学习，提升学生独立研究的技能，使之可以自主发现并解决学科前沿问题。

提起公诉与不起诉制度

广东警官学院　戴鹏（文科一组：法学）

作者简介：戴鹏，男，广东警官学院法律系讲师，一级警司。讲授“刑事诉讼法学”“证据法学”等课程，主要研究领域为刑事诉讼法学、证据法学、司法制度。2010 年毕业于南方医科大学，获工学学士、法学学士学位；2013 年毕业于清华大学，获法律硕士学位；2013 年起在广东警官学院法律系工作至今。主持广东省普通高校青年创新人才项目 1 项，广东警官学院青年项目 1 项。发表论文 8 篇，参编教材 3 部。曾获广东警官学院第三届教师教学竞赛一等奖，获评广东警官学院2015 年度十佳授课教师。2020 年获广东省第五届高校（本科）青年教师教学大赛文科组一等奖。

课程名称：刑事诉讼法学
学时：1 学时

一、学情与内容分析

（一）学情分析

1. 学生基本情况分析

（1）知识结构特点。本节课为《中华人民共和国刑事诉讼法》（以下简称《刑事诉讼法》）分论部分内容。学生已经学习过总论部分刑事诉讼的发展历程以及刑事诉讼构造与刑事诉讼的主体部分内容，已掌握了控审分离原则以及检察机关的地位与职能，为本节课奠定了理论基础和逻辑基础。学生已经学习了分论部分的立案和侦查程序，为本节课的学习奠定了一定的知识储备。然而，关于起诉书和案卷材料的移送问题，《刑事诉讼法》在 1979 年、1996 年和 2012 年进行了多次修正，学生容易产生混淆；对于不起诉的种类和法律效力，学生还无法结合“定罪权专属于人民法院”原则予以准确理解。

（2）社会经验特点。学生具备多渠道获取信息的能力，能够从各种渠道关注到热点案件，但是媒体的报道和学生的关注点往往集中于案件的实体判决以及程序中的审判环节，对审查起诉阶段缺乏关注和了解，对审查起诉制度不熟悉，缺乏兴趣。加之社会上对“存疑不起诉”（亦称“酌定不起诉”）的法律效果普遍存在错误认识，学生容易产生误解。

（3）思维能力特点。学生能够掌握课堂所讲授的基本原则、规则，但是不能实现前后知识的融会贯通，不能结合所讲授的基本原则理解具体制度。对于立法的变更，学生缺乏分析问题的历史角度和发展眼光，无法运用否定之否定的辩证思维看待法治发展进程的前进性与曲折性。

2. 学生预习效果分析

（1）学生通过对教材的预习，对提起公诉的概念和程序以及不起诉制度的种类和适用条件等基础知识有所了解，但不能结合控审分离原则深刻体会起诉的功能和作用。

（2）学生通过对案例的预习，对起诉功能有粗略的了解，但无法结合已学过的知识剖析问题的本质。

（3）学生对预习思考题的思考能够为本节课的讲授奠定逻辑、思维基础。

（二）教学内容分析

1. 本节课的基本内容

本节课讲授教材“第十三章　审查起诉”中“第三节　提起公诉”和“第四节　不起诉”，主要授课内容为：①提起公诉的概念、条件、功能；②起诉书以及证据材料的移送；③不起诉的概念、种类与法律效果；④法定不起诉、证据不足不起诉、酌定不起诉的适用条件和救济。

2. 本节课与前后内容的融会贯通

本节课与前后内容的衔接主要以刑事诉讼构造与刑事诉讼的主体中已经学习过的控审分离原则以及检察机关和法院的性质、地位与职权为基础。通过本节课的学习，学生能够更加具体、深入地体会控审分离原则以及检察机关的地位和职权。当然，起诉指控范围将为法院审判权限定范围，故本节课的学习将为后面学习审判制度打下基础。

3. 本节课思维导图

本节课思维导图如图 1 所示。

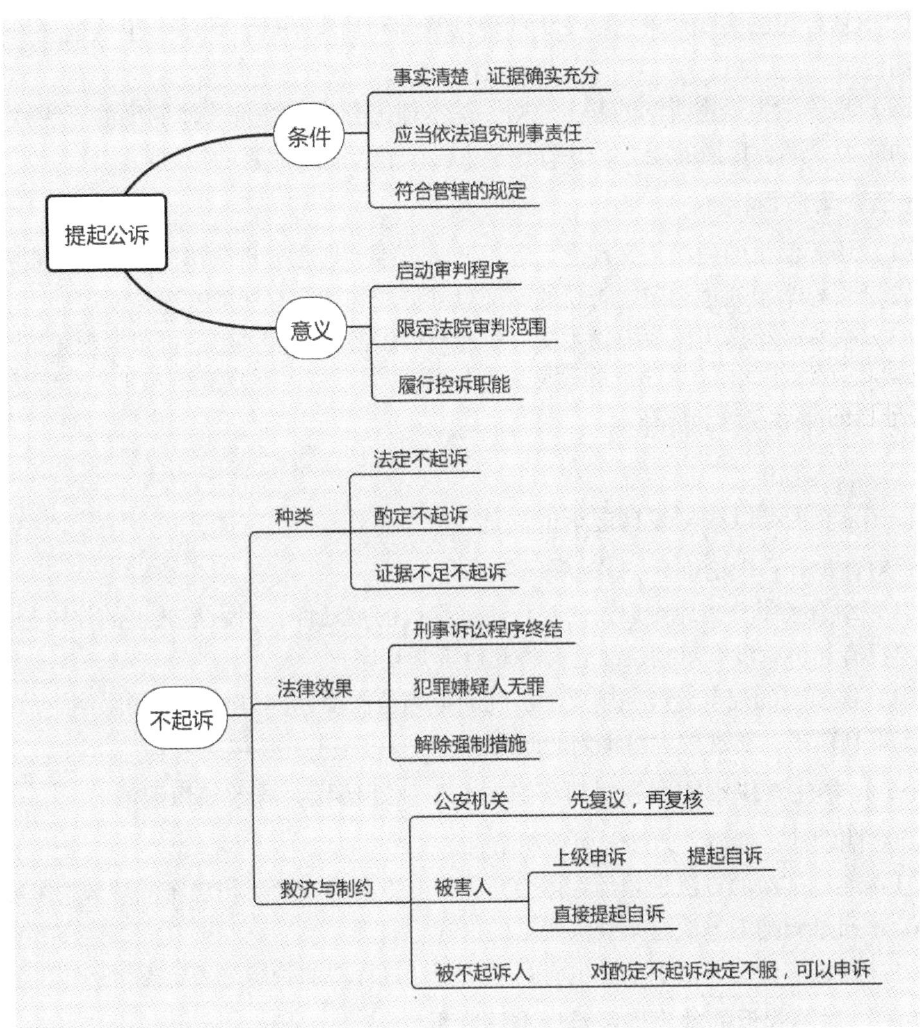

图1　本节课思维导图

二、教学目标分析

（一）知识目标

（1）掌握提起公诉的概念、意义和起诉书以及证据材料的移送。

（2）掌握不起诉的法律后果、种类、适用情形以及救济措施。

（3）了解起诉书和案卷材料移送制度的立法变更过程、背景和意义。

（二）能力目标

（1）培养学生运用所学知识剖析、解决实践案例，训练理论与实践相结合的能力。

（2）结合司法实践理解立法变更的理论基础和现实基础，训练学生透过现象剖析本质的能力。

（3）培养学生运用所学的基本原则、基本理论分析与评价法律制度的正当性、合理性的能力，融会贯通的能力，并引导学生尝试进行制度完善的探讨。

（三）素质目标

（1）培养学生的程序正义理念，运用法治思维、理念分析法律问题的专业素养。

（2）引导学生通过否定之否定的辩证思维分析和体会立法的变更与发展。

（3）引导学生运用历史唯物主义分析看待中国法治发展进程的进步性和曲折性。

三、教学重点与难点

（一）学生难以深刻掌握起诉的功能

针对性设计：理论推导、融会贯通。

（1）结合控审分离原则以及法院行使审判权的被动性，引出形式上的控审分离原则要求没有起诉就没有审判，故起诉将开启审判程序。

（2）实质上的控审分离原则要求法院的审判范围受到起诉指控范围限制，故起诉将限定审判范围，实现控诉对审判的制约。

（二）学生难以掌握案卷材料移送的立法变迁历程，导致知识混淆

针对性设计：推演、归纳、引申相结合。

（1）通过推演的方法带领学生体会立法的变更内容以及对司法实践带来的影响。

（2）通过归纳的方法总结立法变更的内容与原理。

（3）通过引申的方法引导学生看到立法变迁过程中的否定之否定规律。

（三）对不起诉的救济途径难以准确掌握

针对性设计：情景带入法。

三种不起诉制度的救济途径错综复杂，学生在学习过程中容易产生知识混淆，通过情景带入法，带领学生分别站在公安机关、被害人以及被不起诉人角度，设身处地地思考救济的需要，从而归纳出对各种不起诉制度的救济途径。

四、教学方法

根据授课内容和授课对象的特点，教师在本节课教学过程中使用的教学方法有课堂讲授法、推演归纳法、情景带入法。

（一）课堂讲授法

对起诉的功能与程序，不起诉的种类、适用情形、法律效果以及救济途径等重点

和难点问题主要采用课堂讲授的教学方法，对于相关基础概念进行有针对性的拆解式讲解，并结合案例分析，拆解、分析案例中涉及的基本概念，帮助学生直接、快速地掌握基础知识，提高学生整体的课程知识水平，为其他教学方法的采用奠定基础。

（二）推演归纳法

《刑事诉讼法》对于起诉程序中的案卷移送制度的修改，容易让学生产生知识混淆。运用推演归纳法，推演历次修改的内容以及对司法实践带来的影响，归纳修改要点，掌握历次修法的背景、原理，为学生梳理知识脉络，引导学生运用否定之否定的思维看待立法完善的进程。

（三）情景带入法

将学生带入具体情境，分别站在公安机关、被害人、被不起诉人的角度，设身处地思考问题，在知识层面实现准确掌握所学内容，在思维层面训练学生多角度思考问题的全面思维。

五、教学手段

本节课采用课堂讲授、PPT 演示、板书和“学习通”软件应用相结合的教学手段，综合发挥各种教学手段的优势，集中学生的注意力，引导学生围绕教学内容积极思考，实现教学目标。具体分析如表 1 所示。

表 1　教学手段与教学内容、优势分析表

教学手段	对应教学内容	优势
课堂讲授	贯穿整个教学内容	此传统教学手段符合大多数学生的学习需求，可以最大量输出课程信息，带领学生分析法律条文、理解法条背后的理论，引导学生运用所学知识分析、解决问题
PPT 演示	主要概念、法律规则、案例等	在最大限度节约课堂时间的同时清晰展示教学内容，帮助学生准确掌握基本概念；对于法条规定和案例的展示有助于教师逐一展开对法条内涵的讲解，并带领学生逐一展开对案例的分析
板书	课堂展示本节课知识体系，展示与学生互动的内容	可以帮助学生记忆课程知识体系，不受 PPT 页面切换的影响；清晰展示与学生的互动情况，引导学生紧跟教师分析问题的思路
“学习通”软件应用	发布课前预习资料，发布课后作业，检查预习情况和课后作业完成情况	可以方便地发布学习资料，实现课下讨论与交流，实现对学生平时成绩的考查

六、教学过程设计与实施

本节课教学过程设计与实施如表 2 所示。

表 2　教学过程设计与实施

教学步骤	教学内容	教学意图	教学手段
步骤 1：课前准备	案例：王书金案（“聂树斌案疑似真凶王书金上诉纪实”，《法治在线》2013－06－26）。 教材：《刑事诉讼法学（第三版）》（马克思主义理论研究和建设工程重点教材）第 279～291 页。 思考题：王书金在庭审中提出“石家庄西郊玉米地案”是自己所为，而检察院起诉书中未对该案提出指控。 ①检察机关未指控该案的做法是否正确？ ②法院应当如何处理？	发布课程预习内容，为课堂讲授做准备	通过“学习通”平台课前发布，并收集学生对思考题的回答，通过对学生回答预习思考题的情况适当调整教学内容，因材施教
步骤 2：上节知识回顾与本节知识导入（5 分钟）	上节课主要讲授了审查起诉的概念和程序，本节课将讲授提起公诉以及不起诉制度	回顾上节课程内容，唤起学生对上节课内容的记忆	PPT 演示；课堂讲授
步骤 3：讲授主体——提起公诉（15 分钟）	**一、提起公诉的条件** （1）犯罪事实已经查清，证据确实、充分。 （2）应当依法追究刑事责任。 （3）符合审判管辖的规定。 **二、起诉的功能** （一）回顾刑事诉讼发展历程与进步 （1）刑事诉讼法从弹劾式诉讼发展到纠问式诉讼的进步在于：犯罪是对国家秩序的侵犯，故应当由国家追诉犯罪。 （2）从纠问式诉讼发展到现代刑事诉讼的进步：实现控审分离原则。即实现控诉职能和审判职能的制约。 （二）结合以上回顾讲授 （1）控审分离原则在形式上要求没有起诉就没有审判——起诉具有启动审判程序的功能。	掌握提起公诉的条件	PPT 演示；课堂讲授

续上表

教学步骤	教学内容	教学意图	教学手段
步骤3： 讲授主体——提起公诉 (15分钟)	（2）控审分离原则实质上要求法院的审判必须围绕起诉指控的范围进行——起诉具有限制审判范围的功能。 （3）现代刑事诉讼法要求国家主动追诉犯罪——起诉是检察院代表国家行使控诉职能的方式。 **三、起诉书和案卷材料的移送** 推演立法变迁 （1）1979年《刑事诉讼法》——“全卷移送”。 提问：全卷移送会产生什么问题？ 引导：法院开庭前会产生先入为主的预断。 引申：理论讲授“起诉书一本主义”。为了防止法官在开庭前产生预断，学界就提出了“起诉书一本主义”，检察机关在起诉时，除起诉书外，不得向法院附带任何可能导致法官预断的证据或其他文书。但是这对法官要求太高。 （2）1996年《刑事诉讼法》——“部分移送（证据目录、证人名单、主要证据复印件）”。 为了防止法官预断，实行了“部分移送”，朝着“起诉书一本主义”迈进了半步。 分析问题：①大量浪费；②“主要”证据难以判断，法官在开庭前看到“主要”证据，不仅产生预断，更可能产生偏见。 （3）2012年《刑事诉讼法》——“全卷移送”。 提问：立法是不是又倒回1979年的规定？ 引导：上节课我们强调过，检察院在审查起诉时一定要讯问被告人，听取辩护人意见，并记录在案。这意味着什么？ （案卷中不仅有检察机关的指控意见，也有被告人、辩护人的辩护意见。法院能够同时看到控辩双方的意见，防止偏见。） 引申：刑事诉讼的发展遵循着否定之否定的过程，大家要正确看待中国法治发展进程的前进性和曲折性		

续上表

教学步骤	教学内容	教学意图	教学手段
步骤4：讲授主体二——不起诉制度（20分钟）	**一、讲解不起诉的种类** （一）逐一讲解三种不起诉 （1）法定不起诉：检察院认为犯罪嫌疑人不构成犯罪或者不应当追究刑事责任，当然应当作出不起诉决定。 （2）酌定不起诉：检察院认为犯罪嫌疑人的行为构成犯罪，但情节轻微，不需要判处刑罚，可以作出不起诉决定。 （法定不起诉与酌定不起诉的区别在于前者检察院认为不构成犯罪；后者检察院认为构成犯罪，但犯罪情节轻微，不需要判处刑罚。） （3）证据不足不起诉——疑罪从无的处理。 （二）不起诉的法律效果 1. 案例分析 张同学因为工作需要，请求公安机关出具“无犯罪记录证明”，公安机关在档案中查询到张同学曾经因为盗窃罪被检察机关作出了“酌定不起诉”决定。 例：《不起诉决定书》（节选） “本院认为，被不起诉人张某实施了《刑法》第264条的行为，构成盗窃罪。但其犯罪情节轻微，且已取得被害人谅解，根据《刑法》第37的规定，不需要判处刑罚。依据《刑事诉讼法》第177条第二款的规定，决定对张某不起诉。” 思考：张某是有罪还是无罪？ 提问：如果你是公安机关工作人员，应否给张某出具“无犯罪记录证明”？ （绝大多数同学根据不起诉决定书的表述，以及酌定不起诉的定义、法律规定认为构成犯罪，不应当出具。） 分析：结合“定罪权专属于人民法院”原则引导提出问题——谁有权力定罪？ 结论：未经法院判决任何人都不得认定为有罪。既然张某未经法院定罪，在法律上就是无罪的，所以应当出具“无犯罪记录证明”。	掌握不起诉的种类、适用范围和救济	PPT演示；课堂讲授；情景带入；提问—回答—引申

续上表

<table>
<tr><th>教学步骤</th><th>教学内容</th><th>教学意图</th><th>教学手段</th></tr>
<tr><td>步骤 4：讲授主体二——不起诉制度（20 分钟）</td><td>2. 总结：不起诉的法律效果
（1）刑事诉讼程序终结。
（2）被告人在法律上无罪。
（3）立即解除强制措施。
二、不起诉制度的救济
（一）引导
不起诉决定是重要的刑事诉讼文书，会产生刑事诉讼终结的效果，对刑事诉讼各主体产生重大影响。那么有没有人会对这个决定不服呢？要不要给予救济呢？
（二）情景带入逐一分析
（1）公安机关：向检察院申请复议，意见不被接受的可以提请上一级检察院复核。
（2）被害人：希望追究犯罪嫌疑人刑事责任，改变该决定愿望最强，救济也最充分。
向上一级检察院申诉；对检察院维持不起诉决定的，被害人可以提起自诉。被害人也可以不经申诉，直接提起自诉。
（此处回顾立案管辖中的自诉案件种类。）
提问：大家还漏了一个人，被不起诉人可不可能不服？
引导：一般不会。但被不起诉人有可能对酌定不起诉的理由有意见，可以给救济的机会。只是对不起诉的结果被不起诉人是能够接受的，所以其救济的愿望弱一些。
结论：被不起诉人对酌定不起诉决定不服的，可以向同级检察院申诉。
（三）结合板书归纳
被害人、公安机关、被不起诉人改变该决定的愿望从强到弱，救济途径也从强到弱。</td><td></td><td></td></tr>
<tr><td>步骤 5：总结（5 分钟）</td><td>一、本节课总结
（一）起诉的功能
（1）国家追诉原则的体现——履行控诉职能。
（2）控审分离原则的体现——启动审判程序和限定审判范围。
（二）起诉书的移送
全卷移送→部分移送→全卷移送。</td><td>总结归纳本节课所学知识</td><td>结合主板书回顾、总结、归纳</td></tr>
</table>

续上表

<table>
<tr><th>教学步骤</th><th>教学内容</th><th>教学意图</th><th>教学手段</th></tr>
<tr><td rowspan="4">步骤5：
总 结
（5分钟）</td><td>（三）不起诉的种类
法定不起诉、酌定不起诉、证据不足不起诉。
（四）不起诉的救济
<table><tr><th>主体</th><th>救济</th></tr><tr><td>公安机关</td><td>先复议、再复核</td></tr><tr><td>被害人</td><td>①上级申诉→自诉；
②自诉</td></tr><tr><td>被不起诉人</td><td>同级申诉
（仅限酌定不起诉）</td></tr></table></td><td></td><td></td></tr>
<tr><td>二、对预习案例“王书金案”的分析
（1）对王书金“石家庄西郊玉米地案”证据不足，不符合起诉条件，检察机关不予起诉的做法正确，符合疑罪从无的要求。
（2）既然检察机关对“石家庄西郊玉米地案”没有起诉，该案不属于法院审判范围，法院应当依法不予审理</td><td>实现课程前后呼应</td><td>案例分析</td></tr>
<tr><td>三、布置思考题
（1）阅读教材：第279～291页内容。
（2）阅读参考文献。
①樊崇义：《我国不起诉制度的产生和发展》，载《政法论坛》2000年第3期。
②李奋飞：《从“复印件主义”走向“起诉状一本主义”——对我国刑事公诉方式改革的一种思考》，载《国家检察官学院学报》2003年第2期。
（3）课后练习题。
①完成教材第291页的课后自测习题。
②结合“施某等17人聚众斗殴案”（最高人民检察院指导案例第1号）分析酌定不起诉的适用原则</td><td>强化对教学内容的掌握；拓展思维和理论深度；训练分析问题能力，培养自主学习习惯</td><td>PPT演示；“学习通”平台发布阅读文献</td></tr>
<tr><td>四、下节课预告
预习“公诉案件第一审程序”（教材第292～311页）</td><td>培养自主学习习惯</td><td>PPT演示</td></tr>
</table>

七、本节课思政与德育设计

在讲授《刑事诉讼法》从1979年的“全卷移送”到1996年的“部分移送”，再到2012年的“全卷移送”的立法进程时，着重分析立法变迁过程、立法背景以及和其他相关规范的逻辑联系，引导学生分析《刑事诉讼法》不断发展、完善历程中的否定之否定规律，使学生充分感受法治发展的历程的艰辛，引导学生一方面要看到我国法治水平不断向前发展的趋势，另一方面也要看到法治发展过程是曲折的，运用历史唯物主义的观点，正确看待中国特色社会主义法治建设过程的前进性和曲折性。

八、教学评价与反思

（一）对本节课往年讲授情况的反思

在往年讲授过程中存在如下不足：

（1）对起诉功能的讲解只是针对教材内容进行讲解，学生感受不深刻，且觉得内容枯燥。在之后的讲授中可以尝试结合控审分离原则和国家追诉原则这一理论基础讲解。

（2）对起诉材料移送这一知识点在往年的讲授过程中仅仅对立法过程的变迁和背景做了介绍，虽然学生能够准确掌握，但仍缺乏理论深度。在之后的讲授中可尝试结合“起诉状一本主义”这一理论展开讲解，引导学生用否定之否定的辩证思维看待中国法治建设进程。

（二）听取其他教师授课的心得体会

课程组其他教师在讲解起诉材料移送这一知识点时介绍了“起诉书一本主义”这一理论观点，并启发学生比较“起诉书一本主义”与“全卷移送”“部分移送”的利弊，一来提升教学的理论深度，二来培养学生在理论与实践中进行思考的能力。这点值得借鉴。

（三）本节课教学创新点

（1）通过控审分离原则、国家追诉原则分析起诉的功能，能够帮助学生实现前后知识的融会贯通，提升学生运用法学理论分析、思考问题的专业能力和思维。

（2）在讲授立法变迁过程中，能够结合否定之否定规律辩证地分析立法的发展、完善过程，引导学生运用历史唯物主义思维，从历史角度，用发展眼光看待中国法治发展过程中的前进性和曲折性，实现专业知识与思想政治理论同向同行，形成协同效应。

（四）本节课预期取得的效果

（1）学生准确、深刻理解起诉的功能。

（2）学生准确理解各种不起诉的适用情形以及不起诉的法律后果。

（3）学生准确掌握不同主体对于不起诉决定的制约和救济。

（4）学生能够运用否定之否定规律辩证看待法治发展历程中的前进性和曲折性。

文科二组（管理学、经济学）

如何应对蓝色性格谈判对手？

广东科技学院　卢玲（文科二组：管理学）

作者简介：卢玲，女，副教授，中国人民大学硕士，博士在读。主要研究方向：高校课堂教学创新研究。主要荣誉及获奖成果：2020 年教育部网站优秀示范课、录课展示；2020 年广东省本科高校课程思政优秀案例二等奖；2020 年广东省第三批本科高校在线教学优秀案例（课程类）二等奖；先后获得学校“教学能力卓越奖”“教书育人先进个人”“教学改革先进个人”“科研先进个人”“优秀教师”等荣誉称号。2020 获广东省第五届高校（本科）青年教师教学大赛文科组一等奖。

课程名称：商务谈判与礼仪
学时：1 学时

一、学情与内容分析

（一）学情分析

1. 授课对象

“商务谈判与礼仪”的授课对象是本科工商管理专业大三的学生，授课时间是大三下学期。

2. 知识及技能基础

通过分析学生在“商务谈判与礼仪”内部学习平台上的反馈可知，学习本节课之前，学生对商务谈判与礼仪的“性格色彩学概述”等知识有所了解，为本节课“辨认蓝色性格的谈判对手”以及“应对蓝色性格的谈判对手”的学习奠定了基础，从而降低了本节课的学习难度。而前导课“管理学”“市场营销”“人力资源管理”“经济学”“消费心理学”等相关课程都剖析了商务活动中最重要的“人”的因素，对于本节课的“蓝色性格的辨认”以及“针对蓝色性格的钻石法则”提供了先导支持，学生在学习本节课时会更加清晰与得心应手。

3．学习风格与特点

工商管理专业学生由于学习过程中往往没有经常参与“人际沟通”实践，缺乏对相处对象的“性格分析”，更缺少对各种性格的认知，因此在知识的接受与消化吸收过程中表现出鲜明的“两耳不闻窗外事，一心只在刷手机”的局面。所以我们会让学生充分参与到与人打交道的各个维度中，充分发挥学生的敏锐力、实践力，使学生在“实操”中获得“识人”的本领。

（二）内容分析

1．本节课的内容协同

本节课教学内容设计紧紧围绕“商务谈判与礼仪”中“掌握商务谈判与礼仪相关知识，提升学生商务场合实战能力”的核心目标，尤其对谈判对象的性格色彩进行深度挖掘。

2．本节课的内容单体

（1）“蓝色性格”的选色依据、各自特点以及如何辨认蓝色性格色彩。

（2）当谈判对手（或者面试官）是蓝色主色调性格的个体时，应该如何应对。

（3）通过实例解析蓝色主色调性格，真正体验到知识落地的力量。

二、教学目标

（一）知识目标

在整体上，通过本课学习，掌握蓝色主色调性格的人的基本特征；在局部上，了解蓝色主色调性格的人有什么优势和缺点。

（二）能力目标

学生能够在教师引导下学会分析蓝色性格的人的性格特征，明确他们性格的优缺点，能够运用所学来分析包括面试官在内的各种谈判对手，为他们确立“性格色相”，并快速制定相处策略，使他们的人际交往更加游刃有余，培养学生在与人交往中的积极正向的语言表达能力和问题解决能力。

（三）情感目标

通过本课学习，学生首先能够产生对“商务谈判与礼仪”课程中关于人物性格判断的兴趣，明白蓝色性格的人的优缺点。其中，对谈判感兴趣的学生可建立“理论坐标”，尤其对与蓝色性格的人的相处之道更加娴熟；对谈判不感兴趣甚至反感的学生能够增强“与人打交道的信心”，让“商务谈判与礼仪”知识落地。在此基础上，学生进一步树立起学习本门课程最主要的价值观：商务谈判的使命感、荣誉感、团队意识和格局意识。

三、教学重点和难点

基于以上教学目标的设定和对学生特点的分析，确定以下的教学重点和难点。

（一）重点

本节课的教学重点是掌握蓝色性格的优缺点及具体谈判场景应用。

（1）重点的依据。“托马斯－凯尔曼冲突模式工具”是性格色彩学的理论支持。本节课中，学生要明白蓝色性格的基本性格，然后依据其性格特点采取合适的谈判策略。

（2）突出重点的方法。采用兴趣激发和生动案例研究的方式，从电视剧《欢乐颂》出发，分析蓝色性格的特点，通过手写思维导图板书、递进设问等方式帮助学生明白重点。

（二）难点

本节课的教学难点是如何判断谈判个体是蓝色性格及具体谈判场景应用。

（1）难点的依据。由于性格是谈判中的重要可变因素，而学生在平时的学习生活中很少系统地了解谈判个体的性格，尤其对追求完美、过于苛刻的蓝色性格缺少分析，如何让学生在实操中准确界定“蓝色性格”，就成为本节课的难点。

（2）突破难点的方法。以技能培养为目标，实践教育为主线，岗位工作任务为驱动。具体来说，就是采用理论与实践相结合的方式。一是采用精选视频案例等方式帮学生辨认蓝色性格，用名著代表人物帮助学生理解“蓝色性格的特征”；二是通过布置课后作业，让学生不断有意练习，从而提高学生谈判的实操技能。

四、教学方法与手段

以学为本，针对学生具体情况，采用 OBE 成果导向教学法、TBL 团队学习法、PBL 问题导向学习法、PAD 对分课堂等国内外先进的教学方法，灵活应用多种多媒体教学资源和在线教学手段，如 QQ 课堂、课堂派、大学城云空间、课前问卷调查、钉钉直播、QQ 上墙、QQ 投票、“商务谈判与礼仪”内部学习平台等进行在线讨论答疑、案例分析、小组讨论、在线谈判模拟、思维导图设计及翻转课堂等。

五、教学过程设计与实施

扫一扫
获取教学课件

本节课教学过程设计与实施如表 1 所示。

表 1　教学过程设计与实施

教学环节	教师活动	学生活动	设计意图
1. 课前准备	【内部谈判教学平台互动——掌握学生基本情况】 在教学平台上和学生交流，询问学生的预习感受、基本预习情况，查看学生的提问留言	学生自由预习，提出问题，与教师交流（PBL 问题导向学习法）	教师可以预先了解本班学生的学科背景情况和专业知识掌握情况，为正式上课时新课的引入做好铺垫
2. 激活旧知	【应用性格色彩提升谈判技巧】 红、蓝、黄、绿性格色彩。 【展示学习目标】 （1）红、蓝、黄、绿四种主性格色调的人分别有什么特征？ （2）如何应对红、蓝、黄、绿四种主性格色调的谈判者？ 让学生带着问题进入课堂	（1）让学生回忆红、蓝、黄、绿四种主性格色调的人分别有什么特征。 （2）讨论：如何判断谈判对手的主性格色调？	让知识更具结构性、学术性和严谨性，帮助学生更好地了解本节课的知识全貌
3. 新课导入	【名人对话】 因为在疫情期间英国受到了很大的影响，缺少大量的防疫物质，作为记者的我受领导安排，争取说服中国某知名企业家，希望他能为英国捐助大批口罩等医用物资。因先前做了大量的准备，得知该企业家性格色彩里面有红色性格，于是我扮演的 BBC 记者现场与其进行了连线	思考该企业家身上除了红色性格的热情，还有什么颜色的性格特征呢？（PBL 问题导向学习法）	设计一个“名人对话”的环节和教学内容结合起来，能够起到聚焦名人、激发兴趣的效果；让学生带着问题和任务去学习，提高自主学习能力，明确学习目标和需要突破的疑惑点

续上表

教学环节	教师活动	学生活动	设计意图
4. 新知论证	【视频导入】 看一个蓝色性格典型人物，影视剧《欢乐颂》中的职场精英——安迪的视频。视频中安迪对数字特别敏感，对市场有很好的察觉力，思维非常敏捷、缜密，语言表达的逻辑非常清晰	试着概括一下视频中的人物有什么特征（TBL 问题导向）	学生们已经了解到了性格色彩与谈判技巧之间的密切关系，对谈判对手性格的分析，可以大大提升我们的谈判技巧；也学习到了红、蓝、黄、绿四种不同性格色彩谈判对手的主要特征，把学到的知识应用到具体的谈判场景当中。本节课主要针对蓝色性格的谈判对手
5. 巩固新知	【应聘场景】 在面试谈判场景中，假设你刚好遇到的是安迪这样蓝色主色调性格的面试官。 【客户谈判场景】 在将来的职场中，你需要与客户谈判，而你的客户是蓝色主色调性格的人	（1）在将来你的职场面试中，面对蓝色主色调性格的面试官，你应该如何做？要特别注意哪些问题？ （2）在将来的职场中，面对蓝色主色调性格的客户，你应该如何做？要特别注意哪些问题？ 以小组为单位进行模拟谈判（TBL 团队学习法）	让学生在将来的职场面试中，学会应对蓝色主色调性格的面试官，清楚要特别注意哪些问题，了解在面对蓝色主色调性格面试官及客户时的“钻石法则”
6. 总结复盘	【知识梳理】 （1）蓝色主色调性格谈判对手的特征。 （2）如何判断谈判对手的主性格。 （3）在具体的面试谈判和商业谈判场景当中，如何应对蓝色主色调性格谈判对手，有什么原则和注意事项	学生主动回顾本节课内容（思维导图学习法）	让知识更加牢靠，让学生的思维更具有结构感

续上表

教学环节	教师活动	学生活动	设计意图
7. 布置作业	【思考】 （1）想一下自己身边的人中有哪些人是蓝色主色调性格的？ （2）反思一下自己之前在与他们相处的时候遇到过什么问题？ （3）自己以后还有哪些可以改进的空间？ 让学生将自己的回答发布到“商务谈判与礼仪”内部学习平台上	课后在网络上进行搜索，在平台中上传作业，并在下节课课堂展示相关项目（OBE 成果导向教学法）	让“课上”和“课下”衔接，让“线上”和“线下”衔接（激发学生的主动探知欲）

六、教学评价

从学生的课堂表现及课后作业情况来看，大部分学生都掌握了本节课的脉络和知识重难点，学生能够在教师的引导下学会分析蓝色主色调性格的人的性格特征，明确他们的性格优缺点，能够运用所学来分析包括面试官在内的各种谈判对手，但对于部分基础相对弱的学生还需要加以引导。整节课紧紧围绕“重难点”，逐个突破了知识传授与案例实战，始终没有丢掉“逻辑主线”进行教学活动。

七、教学反思

教师在讲台上取得的每一点成就，都源于每堂课的“不将就”。本课堂反思包括“一个真实，三个必须”。

（一）真实面对自己每堂课的不足

（1）本堂课在学生扫描二维码、课后阅读英文学术期刊等方面，还缺乏反馈机制。部分学生阅读时可能存在问题。改进方法：建立对应的课堂反馈机制，了解学生的掌握状况。

（2）模拟谈判环节，由于教学大赛现场没有学生，没有体现教师在学生练习时对小组进行观察指导。改进方法：学生每次谈判，都要走到每个组观察，辅导并答疑。

（3）受时空限制，没有建立完善的课堂测评机制。改进方法：完善每堂课的测评机制，详细了解学生对知识的掌握情况。

（二）三个“必须”

（1）所有的课前教学设计都必须“以学为中心，以用为导向”，既讲究本科教学的学术品质，也讲求知识的落地。本堂课我用了学生将来要面对的面试谈判作为案例，进行教学模拟谈判环节设计。

（2）所有的课中教学必须“激发学生的思维动线”。本堂课我采用“人机对话”模式，实现现场连线。

（3）所有的课后反思必须“有利于知识的迭代更新，让知识具有生命力”。在本节课中，我还需要对学科前沿不断探究，让自己的教学系统迭代升级。

总之，以后我要多向业界专家们请教，站在巨人的肩上，培养出专业人才！

货币需求与货币供给

广东金融学院　刘莹（文科二组：经济学）

作者简介：刘莹，女，广东金融学院经济贸易学院讲师。主讲课程："微观经济学""宏观经济学""计量经济学"与"国际金融"。主要研究领域：城市与区域经济。2020 年获广东省第五届高校（本科）青年教师教学大赛文科组一等奖。

课程名称：宏观经济学
学时：1 学时

一、学情与内容分析

（一）学情分析

1．专业基础

学生已完成"微观经济学"和"微积分"的课程，具备一定的经济学理论基础和数学基础，能较好地学习"宏观经济学"课程。本学时选自《宏观经济学》的第三章，也是《西方经济学》（上册《微观经济学》、下册《宏观经济学》）的第十一章"国民收入的决定：*IS－LM* 模型"，涉及数学计算和图形推导，学生具备基本的经济理论基础，能在一定程度上保障课程学习。

2．知识结构

学生已学完产品市场的均衡，均衡国民收入的求解、消费函数以及投资函数的相关理论知识较为完备。本节课首次从产品市场转向货币市场，学生需要从思维上进行转换。产品市场和货币市场由利率连接，而利率由货币需求和货币供给决定。

（二）内容分析

1．货币需求的决定

凯恩斯认为，货币具有高度灵活性，使人们对货币灵活性产生偏好。人们对货币灵活性产生偏好具有三类不同的动机：基于交易动机的货币需求，基于谨慎动机或预防性动机的货币需求，基于投机动机的货币需求。货币的交易需求和谨慎需求都可以看作收入 Y 的函数，记为 L_1，Y 表示实际国民收入，货币需求和实际收入的关系函数式为：$L_1 = kY$。k 表示前两个动机所需货币量同实际收入的比例关系，或称为两个动机的货币需求关于收入变动的系数。L_2 表示投机动机的货币需求，$L_2 = -hr$。L_2 与利率 r 成反方向变动，h 为货币需求关于利率的反应系数，表示利率每变动一个百分点时 L_2 的变动程度。将两类货币需求加总可得到货币需求曲线：$L = L_1 + L_2 = L(Y) + L(r) = kY - hr$。

2. 货币供给的决定

货币供给由国家政策调节，是外生变量，政府可自主确定货币供应量，调控利率水平。M_1 指狭义的货币供给，硬币、纸币和银行活期存款的总和。M_2 指 M_1 + 定期存款。M_3 指 M_2 + 个人或企业所持政府债券等“货币近似物”。本节课货币供给是指 M_1。均衡利率由货币需求与货币供给决定，当货币需求与货币供给相等时，均衡利率形成。

二、教学目标分析

（一）知识与技能目标

掌握货币市场的分析对象，了解货币需求和货币供给决定均衡利率，能熟练运用图形工具和数学工具分析现实经济问题。

（二）过程与方法目标

掌握货币需求曲线的推导过程，并形成高效的图形分析方法。

（三）情感与态度目标

通过利率案例分析引发兴趣，提升学习货币市场的热情。

（四）综合能力目标

能联系国家利率政策分析货币市场变动。

三、教学重点与难点

本节课重点和难点均在于货币需求。重点内容包括基于投机动机的货币需求，以及由货币需求动机推导得出的货币需求函数。难点在于债券价格与利率的反向变动关系。

四、教学方法与手段

（一）教学方法

1. 讲授式教学

理论讲授货币需求和货币供给的决定：货币需求的三个动机，基于投机动机的货币需求，凯恩斯流动性陷阱，货币需求函数及曲线；均衡利率的决定。此部分内容依靠自主学习无法保证教学效果，主要依赖教师对货币需求和货币供给以及相应重点、难点及考点进行讲述。

2. 案例式教学

案例：2019 年以来全球重点负利率政策事件。

3. 练习式教学

本节课讲授内容相对简单，故课堂上仅安排了针对货币需求的两道选择题，学生注意力高度集中，对于疑惑之处会在课堂上讨论，课后反馈教学效果显著。

4. 任务驱动式教学

任务驱动式教学为课后作业布置，课后通过学习通在线学习平台发布针对货币需求和货币供给的作业，主要题型包括选择题、判断题及简答题，题量为 10 道。学生在线做题，教师依据答题情况在下一次课上讲解。

（二）教学手段与工具

1. 线上教学：腾讯课堂 + 学习通

在新冠肺炎疫情的影响下，本节课的课程教学主要依托腾讯课堂进行线上教学，教师端在线授课更利于保证教学效果，通过腾讯课堂中的签到、答题卡、举手及讨论等功能实时与学生互动，能有效保证到课率以及学生的学习效果。教学工具为平板和电触笔。课后在学习通上发放习题，依据学生答题情况进行习题讲解。教学工具为电脑和手机。

2. 课后答疑：微信 + QQ

班级均已组建了微信学习群和 QQ 学习群，方便共享学习资料和共同解答问题，有意愿的学生均可进入学习群进行答题咨询。货币需求和货币供给的学习资料（包括视频、数据、文献等）上传至 QQ 群。教学工具为电脑和手机。

五、教学过程设计与实施

扫一扫
获取教学课件

（一）教学过程设计

本节课教学过程设计如图 1 所示。

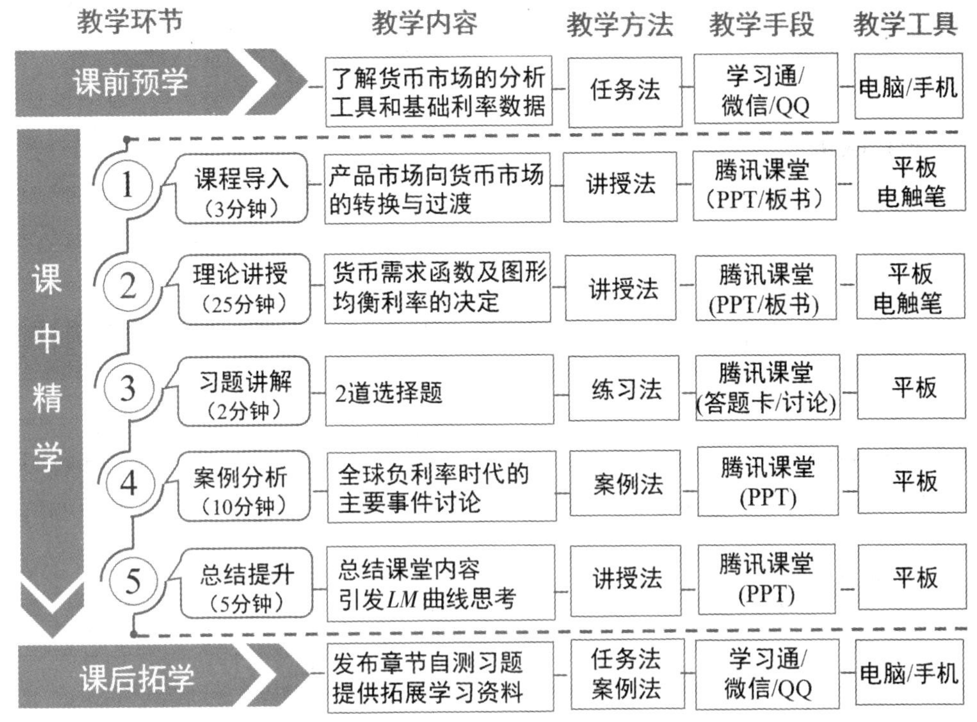

图1　教学过程设计图

（二）教学过程实施

1. 课前预学

提前布置“货币需求与货币供给”的预习任务，并在学习通、微信和QQ上进行任务的文字发布，主要预习任务：了解货币市场的主要分析对象和工具；了解全球利率数据。

2. 课中精学

课中精学是教学过程中最重要的环节，“货币需求与货币供给”按照“课程导入—理论讲授—习题讲解—案例分析—总结提升”五步法展开课堂教学，具体过程如下。

【课程导入（3分钟）】

【内容回顾】

第十一章　国民收入的决定：*IS*－*LM* 模型

第一节　产品市场的均衡：*IS* 曲线

IS 曲线是描述产品市场达到宏观均衡，即 $I=S$ 时，总产出与利率之间的关系。处

于 *IS* 曲线上的任何点位都表示 $I=S$，偏离 *IS* 曲线表示未实现均衡。处于 *IS* 曲线右边的点，表示现行的利率水平高于均衡，从而导致投资小于储蓄规模，$I<S$；反之，$I>S$，即现行的利率水平过低。*IS* 曲线的斜率为负，d 越大，| *IS* 斜率 | 越小；β 越大，| *IS* 斜率 | 越小；两部门和三部门（定量税）斜率相同，均为 $-(1-\beta)/d$。*IS* 曲线移动的现实意义：扩张性财政政策（减税、扩大政府购买等）→*IS* 右移→自发支出量×自发支出乘数；紧缩性财政政策（增税、减少政府购买等）→*IS* 左移→自发支出量×自发支出乘数。

【新课导入】

IS 曲线中利率决定投资，影响国民收入。那利率如何决定？货币需求与供给决定利率→*LM* 曲线。（播放利率新闻视频）

【理论讲授（25 分钟）】

第十一章　国民收入的决定：*IS*－*LM* 模型

第二节　货币市场的均衡：*LM* 曲线

一、货币需求的决定

（一）货币需求的动机

凯恩斯认为，货币具有高度灵活性，使人们对货币灵活性产生偏好。人们对货币灵活性产生偏好具有三类不同的动机。

1. 交易动机的货币需求

人们对货币需求的第一个动机是交易动机，即人们持有货币是为了用于交易。用于交易目的的货币需求取决于人们交易的数量和规模，交易数量和规模随着收入的变化而变化。从而货币的交易需求也随着收入水平的变化而变化，是收入 Y 的函数。

2. 谨慎动机或预防性动机的货币需求

谨慎动机是指人们为了预防意外支出而持有一部分货币的动机。例如为了支付医疗费用、应付各种事故等。由于各人对于意外事件的看法不同，对谨慎需求的货币数量可能不同。但从整个社会来说，为谨慎动机而需要的货币量与收入密切相关，视为收入的函数。由于货币的交易需求和谨慎需求均可看作收入的函数，可将两种货币需求记为 L_1，用 Y 表示实际国民收入，那么货币需求和实际收入的关系可以用函数式表示为：$L_1=kY$。k 表示两个动机所需货币量同实际收入的比例关系，或称为两个动机的货币需求关于收入变动的系数。

3. 投机动机的货币需求

投机动机是指人们为了抓住有利的购买有价证券的机会而持有一部分货币的动机。凯恩斯认为人们持有货币的第三个动机是投机动机，这正是凯恩斯的货币需求理论与古典学派的货币需求理论的根本区别所在。持有债券有利息收益，而货币的利率为零，那人们为什么要放弃持有债券而持有货币呢？这是因为人们对货币的灵活性具有偏好，这种偏好来自于人们对未来市场利率变动的预期是不确定的，从而不能准确地估计债券的市场价格。这种对未来预期的不确定性，使人们产生了对货币的投机需求（即灵活偏好）。当人们预期利率的变动会使持有债券遭受资产损失时，人们将持有货币。为了说明这一问题，需要厘清市场利率 r 与债券价格 P 之间的关系。

【案例】一张票面额为100元的固定利息的债券，债券利率为5%，即每年将固定支付给债券持有者5元的利息。当市场利率 r 为5%时，这种固定利息支付的债券的市场价格与其票面值相等，即为100元。当市场利率 r 上升为6%时，100元的资产将每年获得6元的收益，而面值100元的债券的收益只有5元，这必将使债券的市场价格下跌，只能按照向购买者提供6%的利息的较低价格出售。当人们预期利率将要上升时，比如预期利率会从5%上升到6%时，同时也就是债券价格将要下跌，人们与其购买债券获取5元的收益，不如将货币闲置在手中更为有利。因为如果将100元购买债券，虽然能获得5元的收益；但当利率上升到6%时，面值100元的债券市场价格只有83.33元。这种对利率的预期将使人们宁愿持有货币而放弃能够生息的债券。反之，当人们预期到利率 r 将要下降时（同时也就是债券价格将要上升），将抛出货币而购买和持有债券。

以上例子表明了市场利率 r 与货币投机需求之间的关系。当市场实际利率上升、债券价格下降时，货币投机需求将下降；当 r 下降、债券价格上升、货币投机需求将上升。根据这种关系，用 L_2 表示投机动机的货币需求，则有函数式：$L_2 = -hr$。L_2 与 r 成反方向变动，h 为货币需求关于利率的反应系数，表示利率每变动一个百分点时 L_2 的变动程度。

（二）"流动性陷阱"（"凯恩斯陷阱"）

上述分析表明，利率越高，货币需求量越小，当利率低到一定程度时，货币需求量无穷大，进入"流动性陷阱"。流动性偏好（liquidity preference）指人们持有货币的偏好。货币是流动性或灵活性最大的资产，人们宁可放弃利息收入而储存货币的心理倾向。流动性陷阱指当一定时期的利率水平降至极低时（债券价格已足够高），人们会有利率上升而债券价格下降的预期，为避免损失，此时无论增加多少货币，都会被人们储存起来，而不会再使利率下降，流动性偏好无限大。（播放流动性陷阱小视频）

（三）货币需求函数

前面我们已经对货币需求的三个动机进行了分析，将三方面加在一起就获得了对货币的总需求函数：$L = L_1 + L_2 = L(Y) + L(r) = kY - hr$，将两类货币需求加总可得到货币需求曲线。

二、货币供给的决定

货币供给有狭义与广义之分。M_1 指狭义的货币供给，硬币、纸币和银行活期存款的总和。M_2 指 M_1 + 定期存款。M_3 指 M_2 + 个人或企业所持政府债券等"货币近似物"。本节课货币供给是指 M_1。货币供给由国家政策调节，是外生变量，因此货币供给曲线是一条垂直于横轴的直线。均衡利率是由货币需求与货币供给决定。当货币需求与货币供给相等时，均衡利率形成。货币供给由国家货币政策控制，与利率无关，垂直。

货币交易、投机动机等增加时，货币需求曲线右移；反之左移。货币需求曲线和货币供给曲线移动，均会引起利率变动。

【习题讲解（2 分钟）】

1.“凯恩斯陷阱”中，（　　）

A. 出于交易动机的货币需求将趋于无穷大

B. 出于预防动机的货币需求将趋于无穷小

C. 出于投机动机的货币需求将趋于无穷大

D. 出于投机动机的货币需求将趋于无穷小

2. 当利率很低时，购买债券的风险（　　）

A. 很小　　B. 很大　　C. 可能大也可能小　　D. 不变

【案例分析（10 分钟）】

【案例】2019 年 8 月 21 日，德国发行了零票息的 30 年期国债，成为世界上首个以零利率发行 30 年期国债的国家。这批国债于 2050 年到期，票面利率为零，发债目标规模为 20 亿欧元。目前德国 10 年期国债收益率为 -0.59%。德意志银行数据显示，8 月末全球负收益率债券总额已达到 15 万亿美元，占全球所有政府债券总额的 25%。欧洲国家是负利率债券的最大贡献方，2014 年至今已有瑞典、丹麦、瑞士、欧洲央行、日本、德国、荷兰、爱尔兰、葡萄牙和西班牙等国家和跨国行为体加入负利率阵营，其中欧洲国家占多数。由于欧洲各国经济增长疲软，基于避险动机，投资者纷纷购入风险更低、收益率也持续走低的国债，这是欧元区负利率债券规模急速扩大的重要原因，其中瑞典、德国、芬兰和荷兰的负利率债券占比分别高达 91%、88%、84% 和 84%。为保持汇率稳定，2012 年 7 月，丹麦央行将其 7 天定期存单利率下调至 -0.2%，首次进入负利率时代，并成为负利率持续时间最久的国家；2014 年 12 月瑞士央行将超过上限的隔期活期存款利率下调至 -0.25%，成为负利率值最低的国家。

【讨论】负利率通过何种机制影响宏观经济？积极影响和消极影响有哪些？

【总结提升（5 分钟）】

【总结】

（1）人们对货币灵活性产生偏好具有三类不同的动机。

· 基于交易动机和预防性动机的货币需求：$L_1 = L(Y) = kY$

· 基于投机动机的货币需求：$L_2 = L_2(r) = -hr$

· 货币需求函数：$L = L_1 + L_2 = kY - hr$

（2）当利率低到一定程度时，货币需求量无穷大，进入“流动性陷阱”。当利率下降到一定程度时，人们对货币的投机性需求会变得无限大，即当利率低到某一点时，所有的人都会预期利率不会再下降而会上升，从而都抛出债券而持有货币。

（3）货币供给由国家政策调节，是外生变量，政府可通过货币供应量调控利率水平。

【提升】

（1）已经学习完货币需求和货币供给，能否尝试推出表示货币市场均衡的 *LM* 曲线？

（2）课后阅读相关学术论文（见课程资料部分）。

【课后拓学】

1. 发布习题自测和预习任务

通过学习通发布货币需求与货币供给的章节自测习题，要求学生在下次课之前完成，依据学生答题情况在下次课上选择性讲解。布置预习任务，下次课将推导 *LM* 曲线，要求学生依据本次课内容尝试推导 *LM* 曲线。

2. 拓展学习资料和答疑讨论

通过 QQ 群和学习通上传课后学习资料，包括本次课建议阅读文献（了解核心思想和基本研究范式，不要求掌握模型）以及与负利率相关的财经新闻和网络教学视频。通过学习通、微信、QQ 对学生的疑问进行课后解答，并对提问较深入的学生提出拓展性问题以启发思考，培养其拓展思考能力。

六、教学评价

（一）学生评价

学生评价内容包括：是否讲述清楚货币需求和货币供给的决定；是否阐述清楚均衡利率的决定；“2019 年以来全球重点负利率政策事件”的案例分析是否讲述清楚利率对于宏观经济的作用机制。关于上述问题，学生通过自己听课感受，借助微信、QQ 反馈课堂教学评价，并提出教学建议。

（二）督导评价

学校和学院督导不定期进入课堂，依据学校的考核制度，从教师授课的 PPT 制作、资料准备、教学安排、理论讲授、习题讲解及案例分析等内容，以及学生到课率、参与讨论的积极性、习题正确率等方面对课程教学进行针对性打分，并给出优秀、良好、合格等不同等级。

（三）教师评价

教师参照教学设计评估实际完成情况，关于课堂时间安排、资料准备、授课语速、习题和案例安排、数据分析等方面是否实现了教学设计预期，是否阐述清楚货币需求和货币供给的决定，是否对其与前后内容之间的联系做了梳理，客观评价并改进。

七、教学反思

（一）教学理念

我遵循“以学生为主体、以教师为主导”的教学理念。

“以学生为主体”体现为在课堂设计上首先剔除教师已经内化的知识，回到初次学习理论的状态，从学生视角找准知识难点和痛点，比如“为什么债券价格与利率呈现反向变动关系”，从教师视角展开教学则极可能造成知识盲区。

“以教师为主导”体现为教师设计课堂。我设计教学思路，并结合腾讯课堂直播和学习通等现代化信息技术丰富传统课堂教学。

（二）教学方法

我重视启发教学法，整个课堂围绕三个问题展开：

（1）利率是怎样决定的?

（2）负利率的效果怎样?

（3）负利率下的货币政策选择有哪些?

围绕上述问题，我综合运用讲授式、练习式和案例式等教学法来引导学生学习理论，并进行拓展思考。

改进方向：课堂偏重新闻时事和学术论文提升，趣味性有所不足，以后将增加趣味案例来提升课堂的吸引力。

（三）教学过程

我遵循“课前预学—课中精学—课后拓学”的教学过程，按照“了解时事—学习理论—拓展讨论—课堂小结”展开“课中精学”，并引导学生进行下次课程的预习。

改进方向：增加学生互动，实现“学先于教—以教验学—教学相长”，提升教学质量。

文科三组（文学）

政府公共关系中的社交媒体参与

华南师范大学 夏宝君（文科三组：文学）

作者简介：夏宝君，女，华南师范大学教育信息技术学院新闻传播系副教授、硕士生导师，主讲“公共关系”“人际沟通与表达”“文化创意产业研究”等课程，主持国家级、省级一流本科课程“公共关系”。主要研究方向为政府形象、文化传播、传播史等。获第二届全国高校混合式教学设计创新大赛二等奖、广东省本科高校在线教学优秀案例二等奖、广东省本科高校课程思政优秀案例二等奖。2020 年获广东省第五届高校（本科）青年教师教学大赛文科组一等奖。

课程名称：公共关系
学时：1 学时

一、学情与内容分析

（一）学情分析

1．理论基础

通过“新媒体时代公共关系的新业态”“新媒体平台的公关整合传播”等前置课程的学习，学生对本主题内容有一定了解，但对政府形象塑造维度、政务信息决策沟通、政治行为动员等知识尚不清楚。

2．技能基础

通过前期课程的学习，学生能够掌握政府公共关系的一般知识，但对政府公共关系中的社交媒体参与仍需了解和学习。

3．专业素养

由于本课程开设在大一下学期，学生无论是在理论层面还是在实践层面都处在起步阶段，因此不适合添加过多、过深的理论知识，课堂教学主要讲解基本知识和方法，并主要运用案例分析方法，引导学生形成观察问题的视角和解决问题的技能。

4. 学习动机

学生通过学习本主题内容，可以对社交媒体参与政府公共关系形成基本的专业认识，并保持正确的价值观和舆论观，提高职业素养和媒介素养。

（二）教学内容

“政府公共关系中的社交媒体参与”是教材第十章“新媒体时代的公共关系”第三节的教学内容。本单元课程主要从理论和实践角度对政府公共关系中的社交媒体参与进行总结分析，内容包括社交媒体参与政府形象塑造的多个维度、政务信息决策沟通、政治行为动员。

本单元课程通过课堂教学和案例解析、主题讨论等形式，使学生了解和掌握社交媒体政治参与的形式。

二、教学目标分析

（一）知识目标

（1）了解社交媒体参与政府公共关系的广度。

（2）认识社交媒体参与政府公共关系的深度。

（3）理解社交媒体参与政府公共关系的效度。

（二）能力目标

（1）提高团队协作、组织协调、人际交往、社会适应能力。

（2）培养理性判断与灵活应变能力，培养较强的全局统筹能力和抗压能力，培养自主学习、独立思考能力。

（三）素质目标

（1）提高媒介素养和民主意识。

（2）能够在社交媒体进行合理的政治参与，推进网络民主。

三、教学重点与难点

（一）教学重点

政府公共关系中社交媒体参与形式。

（二）教学难点

（1）社交媒体参与展示政府多维度形象。

（2）社交媒体深入参与政治决策制定。

（3）社交媒体如何有效影响社会公众。

四、教学策略与方法

（一）教学方法

1. 案例教学法

教师根据教学目标，把本节课重点内容用案例讲解的方法，有针对性地突出要点，引导学生自主思考，帮助学生更好地理解教学重点、难点。

以《国王的演讲》、现场直播等案例，阐述社交媒体的政治参与。

2. 分组研讨法

以小组为单位进行分组讨论研究、交流汇报等学习活动，围绕本节主题获得知识技能，并锻炼团队协作能力和沟通表达能力，共同学习、共同进步。

（二）教学环节

本节课教学环节设计如图 1 所示。

图 1　教学环节设计图

五、教学资源

多媒体可视化教学资源、信息化资源（微信、学习通 APP、网络在线课程学习平台等）、案例资源。

六、教学过程设计与实施

（一）教学过程设计

本节课教学过程设计如图 2 所示。

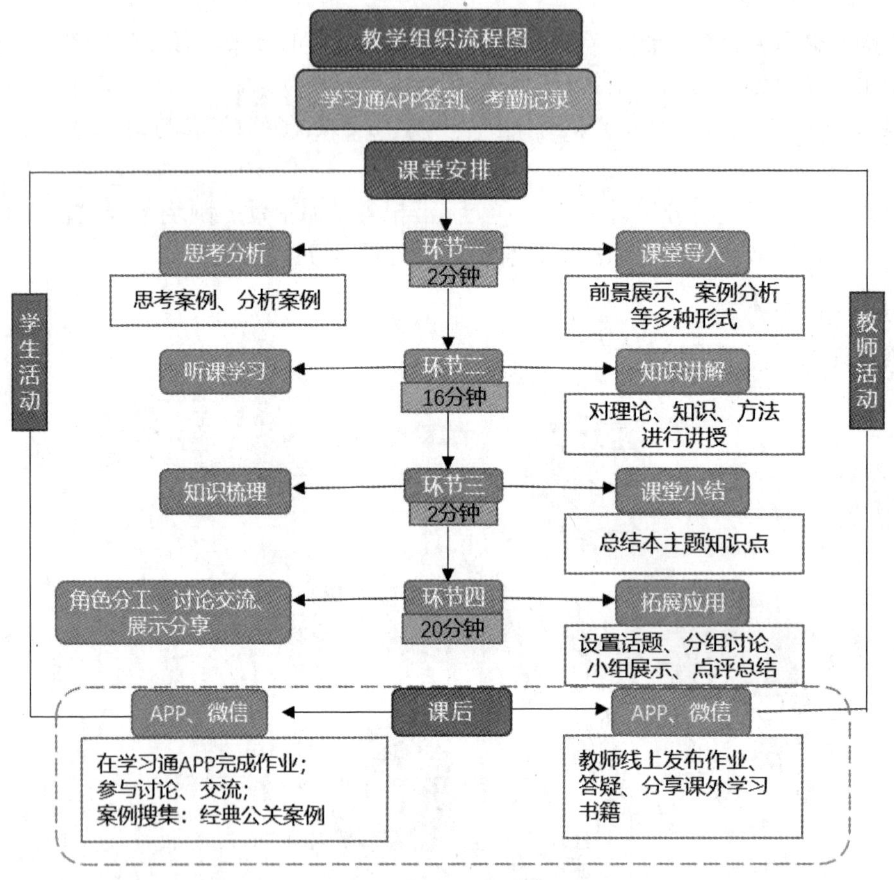

图 2　教学过程设计图

（二）教学过程实施

本节课教学过程实施如表 1 所示。

表1　教学过程实施

<table>
<tr><th>教学环节</th><th>教学内容</th><th>教师活动</th><th>学生活动</th><th>设计意图</th></tr>
<tr><td rowspan="2">1. 课堂导入（2分钟）</td><td>导入</td><td>以电影《国王的演讲》引入课堂主题</td><td>积极思考</td><td rowspan="2">引入新主题内容；引导学生思考</td></tr>
<tr><td>提出问题</td><td>（1）在新媒体时代，社交媒体如何参与政治？
（2）与传统媒体相比，社交媒体参与政治有何变化？</td><td>思考问题</td></tr>
<tr><td rowspan="3">2. 知识讲解：社交媒体参与的广度、深度、效度(16分钟)</td><td>广度：参与政府形象塑造的多个维度</td><td>（1）讲解理论；
（2）分析案例</td><td>（1）学习知识；
（2）思考迁移</td><td rowspan="3">引导学生掌握基本知识和要点；引导学生结合案例，联系实际进行知识学习</td></tr>
<tr><td>深度：参与政务信息决策沟通</td><td>（1）分析案例；
（2）发掘理论</td><td>（1）学习知识；
（2）思考迁移</td></tr>
<tr><td>效度：参与政治行为动员</td><td>（1）分点描述；
（2）案例举证</td><td>思考迁移</td></tr>
<tr><td rowspan="2">3. 课堂小结（2分钟）</td><td>问题回应</td><td>（1）回归案例；
（2）提供思路</td><td>深入思考</td><td rowspan="2">引导学生在实际生活中关注社会事件；引导学生在实际生活中运用所学知识</td></tr>
<tr><td>总结梳理</td><td>引导学生明确社交媒体进行政治参与的广度、深度和效度</td><td>总结思考</td></tr>
<tr><td rowspan="3">4. 拓展应用（20分钟）</td><td>分组讨论</td><td>组织学生进行深入思考</td><td>思考并完成相应任务</td><td>促进学生高阶思维</td></tr>
<tr><td>小组展示</td><td>组织学生进行分享</td><td>分享展示</td><td>引导学生在实际生活中运用所学知识</td></tr>
<tr><td>点评总结</td><td>对学生的分享进行点评</td><td>听课与反思</td><td>确保学生掌握知识点，并能反思不足，进行改进</td></tr>
</table>

续上表

教学环节	教学内容	教师活动	学生活动	设计意图
5. 课后拓展提升	（1）课程内容拓展与升华。 通过本节课的学习，学生认识到了社交媒体组织参与的重要性。在网络媒体日益发达的今天，社交媒体在政府公共关系中扮演着非常重要的角色，有利于多维度展示政府形象，深入参与政治决策制定，有效影响社会公众。 拓展思考题：后疫情时代，作为新闻传播专业学生，如何在社交媒体进行政治参与，推进网络民主？ （2）延伸阅读。 麦克切斯尼. 富媒体 穷民主：不确定时代的传播政治［M］. 谢岳，译. 北京：新华出版社，2004. （3）课后作业提交。	在微信群组织讨论并答疑，推荐相关阅读书目和案例，通过学习通APP布置和检查作业	参与微信群讨论，查阅社交媒体政治参与案例，并自主学习总结，登录学习通APP完成作业并自测	及时总结，巩固课堂学习成果，进行交流反思；通过远程交流、资源查看，拓宽专业知识面，提高专业素养，培养可持续发展的潜力

七、教学评价

本节课教学评价内容与方式如表 2 所示。

表 2　教学评价内容与方式

评价内容	评价方式
课堂出勤	APP 签到
互动主题讨论	在 APP 平台参加主题讨论
小组讨论分享	学生互评 + 教师评分
课后作业	在云课堂平台提交作业

八、教学反思

本节课坚持以学生为中心，遵循“现象解读—价值思考—社会观照”的知识教学顺序，完成主题教学。

课堂贯彻立德树人的基本原则，将知识、能力和素质目标融入教学之中，坚持以教师为导向，学生互动、参与、体验相结合的“3 + 1”模式。通过课堂提问加深互动；借助学习通 APP 讨论实时掌握学情；提出带有挑战性的问题引导学生进行思维拓展，逐步实现学生高阶思维的训练，帮助学生完成从“知道”到“懂得”再到“应用”的学习过程。

本节课以贝罗传播模式为例，提醒学生带着批判的眼光去看待理论和知识；提供“社交媒体降低了人们表达民意的程度”的观点，引导学生进行思辨；课堂用多伊奇的政治沟通理论、2020 年 3 月国际权威杂志 *Public Relations Review* 的学术文章佐证课堂知识点，带领学生接触经典理论，并培养前沿的学术视野；结合疫情期间的社会事件分析知识点，体现课堂的创新性。整个主题教学呈现出“问题导入—知识讲解—思维突破—问题回应—课堂总结—课外拓展”的闭环式教学形式。课堂全程贯穿思政教育，培养学生的家国情怀，以鲁米的诗“伤口是光照进来的地方”为结尾，坚定学生抗击新冠肺炎疫情的信心。

课堂不足之处是对于案例的解读较为单一，以后我会拓宽视野，补足短板。

扫一扫
观看大赛实录

梁启超、黄遵宪与文学界革命

广州大学　戴一菲（文科三组：文学）

作者简介：戴一菲，女，广州大学人文学院副教授，广东省中国古代文论学会理事。主要讲授课程：文学概论、中国文学批评史。主要研究方向：古代诗歌与图像关系研究。主持教育部人文社会科学研究项目青年项目1项，全国高校古籍整理项目1项。在《文艺研究》《学术研究》等权威期刊上发表论文10余篇。2020年获广东省第五届高校（本科）青年教师教学大赛文科组一等奖。

课程名称：中国文学批评史
学时：1学时

一、学情与内容分析

（一）学情分析

1．知识

本课程讲授之前，学生已经通过《中国文学史》了解了西学东渐的社会风气以及19—20世纪之交的文坛情况，同时对近代中国文学的演变态势也有了一定的了解，但还不完全，比如一些作家作品的风格。本节课前，学生未掌握的知识内容有：梁启超和黄遵宪文论观点及其基本内容。

2．能力

本课程讲授之前，学生通过“文学史”等相关课程，已经初步具备鉴赏和评价近代文学作品的能力，并能对近代文学中的诗歌作品进行认知。一些选修课程，如“文学概论”等理论性课程，则培养了学生初步分析问题的能力，能够感悟近代文学现象的一些特征，但仍有待加强。本节课讲授前，学生还未具备的能力有：探究梁启超和黄遵宪的文论观点及相互联系。

3．素质

选修本课程的学生普遍热爱传统文化，具备一般层次的科学研究素养。本节课前，学生还未能具备的素质包括：主动获取和更新专业知识的科研素质；钻研的精神。

（二）内容分析

课程分为基础内容、重难点内容、高阶内容和发散内容。其中基础性内容是学生学习的基础，是需要掌握的知识内容；重难点内容着重培养学生的能力；高阶内容则更多是提升学生的各方面素质，特别是人文学科的综合素质和文化素养；发散部分在于拓宽学生的思路，激发学生的创新意识。

基础内容：19—20 世纪之交的近代文学理论演变的特征；在时代背景下理解梁启超的文论观点。

重难点内容：黄遵宪的文论观点及其基本内容；黄遵宪对诗界革命的客观贡献。

高阶内容：黄遵宪与诗界革命的名实问题。（对课本内容的补充）

发散内容：通过对高阶内容的讨论延及对文评史“建构”的发散思考。（前沿知识）

二、教学目标分析

（一）知识目标

本课程在知识层面的主要目标在于学生理解和掌握近代中国文学中西相糅、新旧共存的现象，并通过新知拓展，掌握黄遵宪、梁启超对文学界革命的主张和贡献。

（二）能力目标

经过前期相关课程的学习，学生已具有初步评价近代文学时代精神的能力，但对近代文学时代精神的变革内涵的理解还有待加强。学生在本节课通过学习和讨论梁启超等人的文学观念，加强对文学变革现象的理解能力，并提升辨析和阐释文化现象的能力。

（三）素质目标

本课程紧扣《普通高等学校本科专业类教学质量国家标准》和《中国文学批评史》教学大纲，注重学生人文素养的提升。学生在本节课中通过学习课本未有的引入内容，提升主动更新和获取专业知识的素养。同时，对黄遵宪与诗界革命名实问题的探讨，也有助于学生培养科学和思辨的精神。因梁黄二人同为广东人，学生在本节课的学习中也能提升爱国爱家的情怀，进一步建立文化认同感。

三、教学重点与难点

重点：黄遵宪的文论观点及其基本内容。

难点：黄遵宪对诗界革命的客观贡献。

四、教学策略与方法

教学策略：以问题为中心，启发式教学。
教学方法：提问法、讲授法、讨论法等。

五、教学过程设计与实施

本节课教学过程设计与实施如表 1 所示。

表 1　教学过程设计与实施

环节	具体内容	教学方法及达成目标	时间
环节1：导入	提出问题： 近代文学界革命有一位核心人物：梁启超。大家知道他是哪里人吗？（广东新会） （与预习内容呼应） 要了解梁启超，就要先了解那个时代，了解时代的文学批评特征	【提问法】	1 分钟
环节2：讲授新课	**一、近代文学理论演变的特征（19—20 世纪之交）** 1. 自觉将文论变革作为整个社会变革的一部分 ◆“要其讲求世务，隐然有人心世教之忧。”（姚莹《东溟文集·黄香石诗序》） ◆“文不能经世者，皆无用之言，大雅君子所弗为也。”（方东树《考槃集文录·复罗月川太守书》） ◆“报馆者，摧陷专制之戈矛，防卫国民之甲胄也。”（梁启超《敬告我同业诸君》） ◆“上之可以借阐圣教，下之可以杂述史事；近之可以激发国耻，远之可以旁及夷情；乃至宦途丑态，试场恶趣，鸦片顽癖，缠足虐刑，皆可穷极异形，振厉末俗。”（梁启超《变法通议·论幼学第五·说部书》） 2. 以主动开放的姿态去认识和引进西欧的“真精神”来推动文学变革 ◆“学无新旧也，无中西也，无有用无用也”，“中西二学，盛则俱盛，衰则俱衰，风气既开，互相推助”。（王国维《国学丛刊·序》）	【讲授法】 PPT 列举要点和文本 知识目标： 掌握近代中国文学文论演进特点	5 分钟

续上表

环节	具体内容	教学方法 及达成目标	时间
环节2：讲授新课	◆“二十世纪，则两文明结婚之时代也……彼西方美人，必能为我家育宁馨儿以亢我宗也。”（梁启超《论中国学术思想变迁之大势》） ◆“各关道当聘请精通西学能作华语之洋人一名，更请中国文学最高者一人，使此两人同翻洋书，则通徼合莫之学，辅以雄俊曲雅之词，庶冀学士大夫争先快睹，近可转移一时之风气，远可垂之后代，成一家言。”（吴汝纶《答薛叔耘》） 3. 传统的文学与文学批评并非在新潮的冲击下溃不成军 （1）桐城散文、京昆戏剧、文言与章回小说等。 （2）宗宋的同光体，尊唐的南社诗人，以及清末民初的一批词作家		
	课堂讨论： 请同学们举例说明哪些传统文学和文学批评还活跃在当时的文坛。（巩固旧知，启发新知） 各小组派人汇报小组讨论结果，由教师点评。（桐城散文、京昆戏剧、文言与章回小说、同光体、南社诗人、刘熙载《艺概》等） 其实梁启超的文学批评也没有完全抛弃旧之传统（承上启下）	【讨论法】 8～10人为一组进行讨论，讨论5分钟 每组汇报1个例子，只要说出名称即可，由教师点评	8分钟
	二、梁启超其人与文学界革命 1. 梁启超生平 早年—逃亡日本—1918年—1925年—后期。 2. 梁启超与诗界革命、文界革命和小说界革命 三者的共同点：通过文学界革命来革新文学，使文学更好地宣传公德、民权、自由、平等等资产阶级民主思想，使百姓的精神面貌为之一新	【讲授法】 PPT列举要点和文本 知识目标： 理解梁启超的文学主张	8分钟

续上表

<table>
<tr><th>环节</th><th>具体内容</th><th>教学方法
及达成目标</th><th>时间</th></tr>
<tr><td rowspan="2">环节2：讲授新课</td><td>三、黄遵宪其人与诗界革命
引入图片和视频，将黄遵宪和梁启超做对比。
“饮冰室”与“人境庐”，两个老乡，同一情怀。但黄遵宪做不了陶渊明。他历经十几年外交生涯，有拳拳报国之心。
梁启超的评价是对其文学批评的最好概括：“能熔铸新理想以入旧风格者。”</td><td>【讲授法】
多媒体教学，播放梁、黄二人故居影像资料，PPT列举要点和文本
素质目标：
提升较强的文化认同感</td><td rowspan="2">20分钟</td></tr>
<tr><td>1. 黄遵宪的新理想
（1）新事物。
诗歌创作引入新鲜器物技术和新奇自然现象。
举例：
新鲜器物技术：《今别离》。
新奇自然现象：《八月十五夜太平洋舟中望月作歌》。

（2）新精神。
与传统思想的不同；宣扬近代文明；创作体现诗界革命精神。
举例：
与传统思想相比：如“安得人人誓洒铁血红，拔出四亿同胞黑暗地狱中”对比杜甫“安得广厦千万间，大庇天下寒士俱欢颜”。
宣扬近代文明：将诗歌的意义上升到宣传近代文明、开启民智的新高度。革新思想、鼓吹文明以左右世界，也正是黄遵宪诗歌自觉追求的新理想、新价值。
体现诗界革命精神：略。

2. 黄遵宪的旧风格
（1）理论主张。
◆“至诗中之事，有应讲求者：曰家法，曰句调，曰格律，曰风骨，是皆可学而至焉。”（黄遵宪《养浩堂诗集·跋》）</td><td>知识目标：
掌握黄遵宪的文学创作观念和实践内容</td></tr>
</table>

续上表

环节	具体内容	教学方法及达成目标	时间
	◆“尝于胸中设一诗境：一曰复古人比兴之体；一曰以单行之神，运排偶之体；一曰取《离骚》、乐府之神理而不袭其貌；一曰用古文家伸缩离合之法以入诗。”（黄遵宪《人境庐诗草·自序》） （2）创作实践。 ◆五古《拜曾祖母李太夫人墓》《番客篇》《罢美国留学生感赋》《今别离》——诗骚、乐府及汉魏古体诗。 ◆七古《樱花歌》《赤穗四十七义志歌》《以莲菊桃杂供一瓶作歌》《八月十五夜太平洋舟中望月作歌》——以文为诗的创作路向。 ◆《今别离》整齐五言句的文体形式和以比兴为主的抒情方式。		
环节2：讲授新课	3. 黄遵宪的贡献——评价 （1）赞扬其诗歌成就。 （2）认为其为诗界革命的一面旗帜。 胡适甚至认为其为诗界革命的“最早倡导者”。 讨论：黄比梁大25岁可能是原因之一。（与预习内容呼应） 4. 名实之间的“诗界革命” （1）诗界革命的困境。 ◆“当时所谓新诗者，颇喜挦扯新名词以自表异。”“至今思之，诚可发笑。”“此类之诗，当时沾沾自喜，然必非诗之佳者，无俟言也。” （2）梁启超对黄遵宪的发掘。 梁发现黄的诗歌代表了诗歌改革和新诗创作的发展方向，对推动诗歌变革起到了示范作用，显著增强了继续进行“诗界革命”宣传鼓动的理论信心和实践能力 （3）黄遵宪未明确主张“诗界革命”。 ◆“公以为文界无革命，弟以为无革命而有维新。”——（黄遵宪《致严复函》）	能力目标： 辨析黄遵宪的文学观念	

续上表

<table>
<tr><th>环节</th><th>具体内容</th><th>教学方法
及达成目标</th><th>时间</th></tr>
<tr><td rowspan="2">环节2：讲授新课</td><td>（4）结论：文学史和文评史习惯性地为黄遵宪在“诗界革命”赋予“名”，但其实黄本人并未明确主张，但黄的“实际”创作却为梁启超提倡“诗界革命”创造了条件</td><td>素质目标：
具备科学和思辨的精神</td><td rowspan="2"></td></tr>
<tr><td>5. 小结和启发
（1）小结。
黄遵宪的诗论及创作：镕铸新理想以入旧风格。
黄遵宪与“诗界革命”——“名实之间”。
（2）启发。
文评史是一种“建构”，出于阐释的需要。
回到历史文化语境思考辨析问题</td><td>课程思政目标：
以本土资源建立文化自信</td></tr>
<tr><td>环节3：总结及作业</td><td>一、总结
（1）19—20世纪之交的文评史特征。
（2）梁启超有关文学的三大革命。
（3）黄遵宪的诗界革命及“名实”问题的思考。
二、启发
（1）对前人理解的质疑，思辨精神——基于文评史建构问题。
（2）历史文化背景对文论家的影响。
三、作业
（1）请分析黄遵宪诗歌《以莲菊桃杂供一瓶作歌》《出军歌》中的“旧风格”。
（2）请思考黄遵宪外交生涯对其诗歌创作的影响</td><td>【讲授法】
知识目标、能力目标、素质目标：
掌握黄遵宪的文学观念，分析历史文化背景对文论的影响，具备较高的科学研究素质</td><td>3分钟</td></tr>
</table>

六、教学评价

（1）课堂讨论：当时活跃在文坛的传统文学。

（2）课后作业：分析黄遵宪作品的旧风格以及其外交经历对文学创作的影响。

（3）评价指标：能够列举部分当时的诗派或作家团体；能够理解文化背景对观念形成和创作实践的作用。

（4）评价手段：个别汇报及教师口头评价；书面论点及教师批改。

七、教学反思

本节课讲授“黄遵宪与文学界革命”，选自《中国文学批评史》第五章。这门课专业性强、难度较大，是一门富有挑战性的课程。

第一，在教学理念上，始终坚持立德树人，弘扬传统文化，建立文化自信。黄遵宪的家国情怀值得学生学习，但更重要的是，黄遵宪是广东人，启发学生以本土资源挖掘文化内涵，建立文化自信，更具实践意义。

第二，在教学方法上，以讲授法为主，综合运用多媒体等教学手段。课堂不仅要“授人以鱼”，更要“授人以渔”。学会方法，才是提升学生专业技能和科学素质的关键。方法的启迪来源于个人的科研工作，要以科研促进教学，才能有的放矢。本人在《文艺研究》上发表两篇论文所用方法都在这节课上恰当运用，教予学生。

第三，在教学过程中，以问题为导向，通过不断追问引导学生循序渐进，提升思维能力，掌握课本内容及学术前沿问题。本人在 2020 年 6 月 1 日《南方日报・理论周刊》发表的《夯实优秀传统文化课堂教学根基》一文所讲“夯实基础”，不是指“照本宣科”，而是“吃透教材”。这节课对黄遵宪与诗界革命的名实关系的探讨，即通过教学过程层层深入，达到对教材的深度解析。

第四，如何将古代文论这门传统课程与新的科技教学手段进一步结合，将是今后要继续提升的要点。

理科组

静电学和静磁学的建立

华南师范大学　许桂清（理科组）

作者简介：许桂清，男，华南师范大学物理与电信工程学院副教授，主要讲授“物理学史”“中学物理微格教学”“中学物理教学论”“小学科学教学论”“诺贝尔科学奖的启迪”等课程。主要研究方向为物理课程与教学论。曾获广东省高等教育和基础教育成果奖一等奖。主持教育部青年基金项目“中学生科学核心素养的测评框架与标准研究”，主持广东省通识教育课程改革项目“诺贝尔科学奖的启迪”。2020 年获广东省第五届高校青年教师教学竞赛理科组一等奖，第五届全国高校青年教师教学竞赛二等奖。

课程名称：物理学史
学时：1 学时

一、学情与内容分析

（一）学情分析

在学生专业基础方面，大三的物理师范生已在电磁学课程中学习过静电原理、静磁学、库仑定律等相关知识；在学生学习态度方面，多数大三学生对电磁学的早期发展史较为感兴趣，愿意参与相关话题讨论；在学生认知难点方面，部分学生可能较难理解库仑定律扭秤实验设计的思想与方法，知其然而不知其所以然。

（二）内容分析

本节课内容主要包括三部分主题。主题 1 是静电学和静磁学的早期研究，主要是展示物理学史上早期从定性的角度对静电现象和磁性物质的性质进行的研究，内容较为简单，本节课将其作为课前学生自学的内容，并以舞台剧方式展示。主题2是电荷间相互作用的定量研究史，主要介绍卡文迪什和库仑的研究工作，其中卡文迪什的研究没有及时发表，而库仑扭秤实验被评为“十大最美物理实验”之一，库仑提出的库仑定律成为电磁学定量化研究的开端，为后续高斯定理、麦克斯韦方程组的提出奠定了重要的基础，因此将其作为本节课的重点。本节课在教材基础上，增加主题3，介绍我国物理学家赵忠尧先生带领建造中国第一台静电加速器的历史，激励学生继承先生的爱国精神与敢于创新的科学态度。

二、教学目标分析

（一）知识目标

（1）了解静电学和静磁学建立的历史背景。

（2）理解物理学家发现库仑定律的实验方案。

（3）了解赵忠尧先生研制静电加速器的过程。

（二）能力目标

（1）经历扮演物理学家角色研讨库仑扭秤实验设计的过程，进一步形成应用实验手段和类比思想开展物理研究的方法，发展物理学科逻辑推理能力和创新思维能力。

（2）通过舞台剧展示，以及关于库仑扭秤实验存在问题的小组讨论，提升语言表达能力、小组合作能力和批判性思维能力。

（三）素质目标

（1）通过学习卡文迪什、库仑、赵忠尧等物理学家的榜样示范，进一步树立勇于探索的科学精神、严谨求真的科学态度，体悟教师自编诗《扭秤之美——写给库仑先生》《民族的脊梁——写给赵忠尧先生》传递的物理实验之美。

（2）通过展示赵忠尧先生研发静电加速器的事迹，激励学生科技报国的决心；通过课外了解中外静电研究的前沿成果，树立全球科技意识。

三、教学重点与难点

重点：认识库仑发现库仑定律各个研究阶段的实验方案。

难点：理解库仑扭秤实验方案设计的物理学思想与方法。

四、教学策略与方法

本课程在教学大纲中提出三类突出“以生为本”的课程教学策略与方法，落地到本节课具体内容的教学，相应实施手段设计如图1所示。

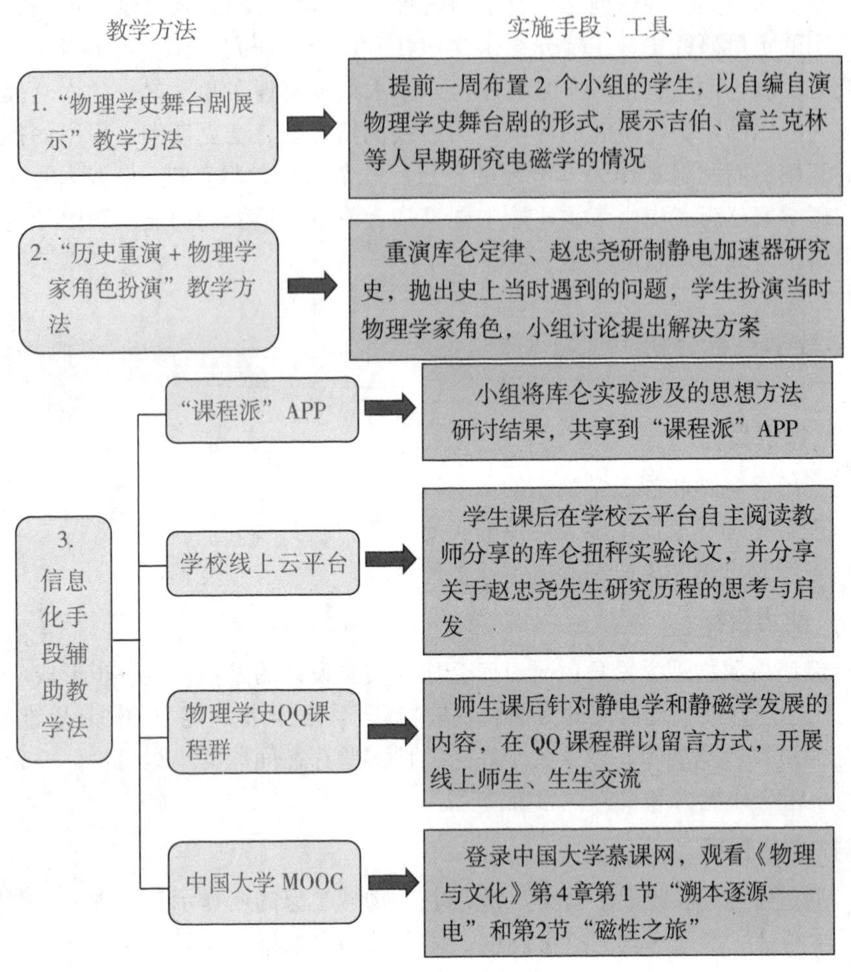

图1　教学策略与方法

五、教学资源

（1）多媒体辅助教学课件：包括本节课的PPT及讲解库仑定律的动画、视频等。

（2）教材：物理学史课程使用教材《物理学史》（第2版）第3章3.1至3.3，物理学史参考教材《物理学史教程》第7章第1节。

（3）科研文献：库仑在法国皇家学会选读的库仑定律实验报告中文翻译版。

（4）教师自行录制的微课：《库仑定律的发现》。

（5）中国大学慕课：国家在线开放课程《物理与文化》第4章第1节“溯本逐源——电”和第2节“磁性之旅”（https://www.icourse163.org/course/HPU-1001794011）。

（6）课外文献阅读。

（7）课外纪录片推荐：央视《大揭秘》纪录片《物理学大师　赵忠尧》，共享于学校线上云平台。

六、教学过程设计与实施

（一）课前—课中—课后学习任务安排

本节课学习任务安排如图 2 所示。

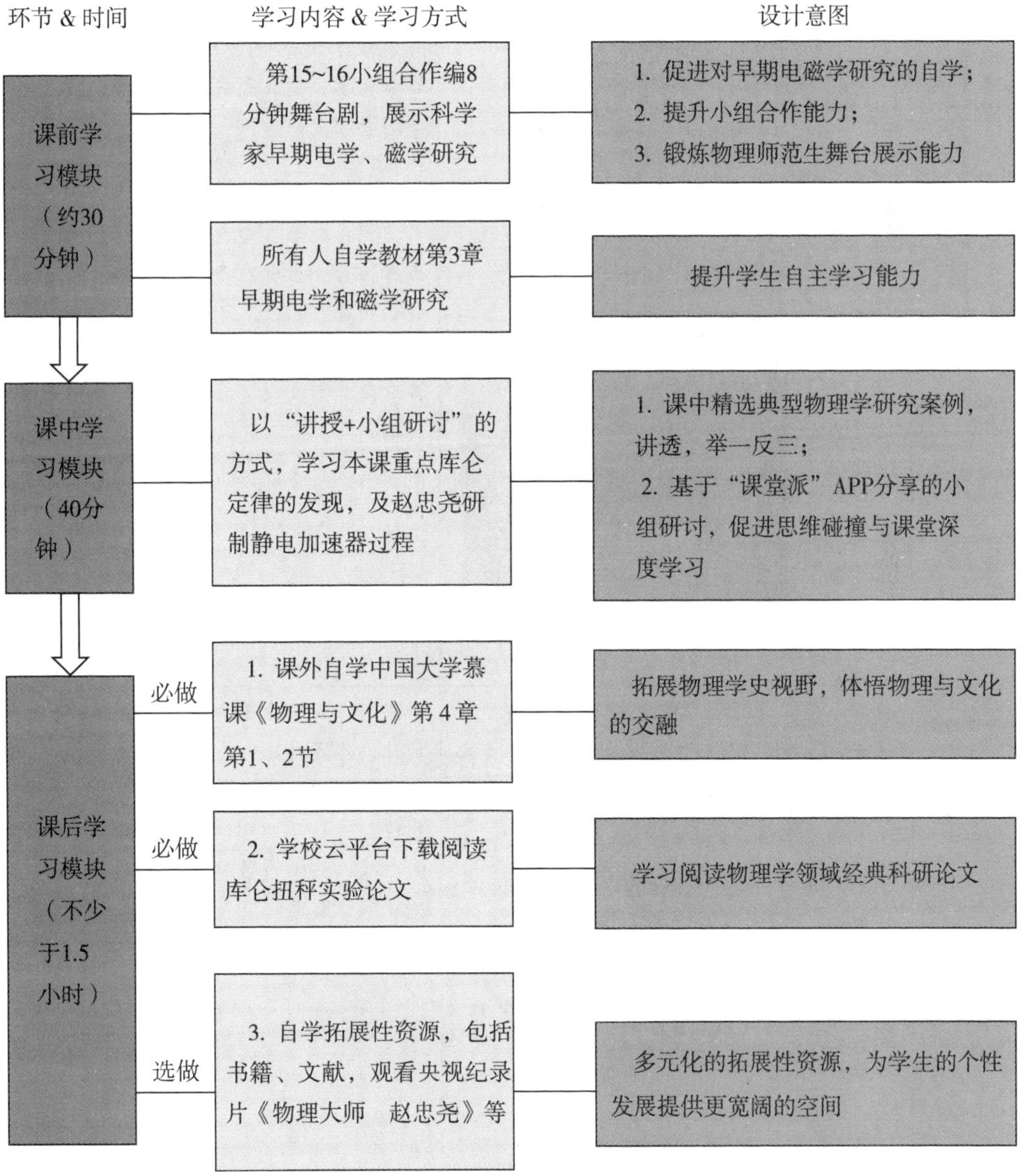

环节 & 时间		学习内容 & 学习方式	设计意图
课前学习模块（约30分钟）		第15~16小组合作编8分钟舞台剧，展示科学家早期电学、磁学研究	1. 促进对早期电磁学研究的自学； 2. 提升小组合作能力； 3. 锻炼物理师范生舞台展示能力
		所有人自学教材第3章早期电学和磁学研究	提升学生自主学习能力
课中学习模块（40分钟）		以“讲授+小组研讨”的方式，学习本课重点库仑定律的发现，及赵忠尧研制静电加速器过程	1. 课中精选典型物理学研究案例，讲透，举一反三； 2. 基于“课堂派”APP分享的小组研讨，促进思维碰撞与课堂深度学习
课后学习模块（不少于1.5小时）	必做	1. 课外自学中国大学慕课《物理与文化》第 4 章第1、2节	拓展物理学史视野，体悟物理与文化的交融
	必做	2. 学校云平台下载阅读库仑扭秤实验论文	学习阅读物理学领域经典科研论文
	选做	3. 自学拓展性资源，包括书籍、文献，观看央视纪录片《物理大师　赵忠尧》等	多元化的拓展性资源，为学生的个性发展提供更宽阔的空间

图 2　学习任务安排

（二）课中教学过程设计

本节课课中教学过程设计如表1所示。

表1 课中教学过程设计

<table>
<tr><th colspan="2">教学环节</th><th>教学内容</th><th>教师活动</th><th>学生活动</th></tr>
<tr><td colspan="2">环节1：物理学史舞台剧（8分钟）</td><td>每课一出8分钟物理学史舞台剧——《舞台剧：早期电学和磁学研究那些事儿》</td><td>教师点拨：舞台剧展示了中外早期研究电学、磁学现象的区别，以史为鉴，这正是我们学习物理史的价值</td><td>2个小组协力合作，自编自导自演8分钟舞台剧</td></tr>
<tr><td rowspan="2">环节2：卡文迪什同心球静电实验（5分钟）</td><td>导入阶段</td><td>生活小实验导入：塑料细绳摩擦后散开（实验法）</td><td>提问：为什么塑料细绳摩擦后会散开？存在什么规律？
抛出本课核心问题：库仑是如何发现库仑定律的？</td><td>学生回答：摩擦生电，塑料细绳间同种电荷相互排斥。带的静电越多，细绳张开角度越大</td></tr>
<tr><td>球静电实验</td><td>基于类比研究静电力的典型案例：1773年，英国卡文迪什类比万有引力定律，认为静电力也服从平方反比定律（类比思想）</td><td>提问：如果你是卡文迪什，你会对静电力的相互作用提出怎样的猜想？
点拨：类比的思想是物理学研究中的重要指导思想</td><td>类比猜测：类比牛顿的万有引力定律，猜想静电力间也是符合平方反比规律</td></tr>
</table>

续上表

<table>
<tr><th colspan="2">教学环节</th><th>教学内容</th><th>教师活动</th><th>学生活动</th></tr>
<tr><td rowspan="2">环节3：库仑定律的发现(20分钟)</td><td>阶段(1)：发明扭力秤</td><td>实验类比研究案例：
1773年法国科学院征求改良航海磁针方法。（实验放大法、转化法） 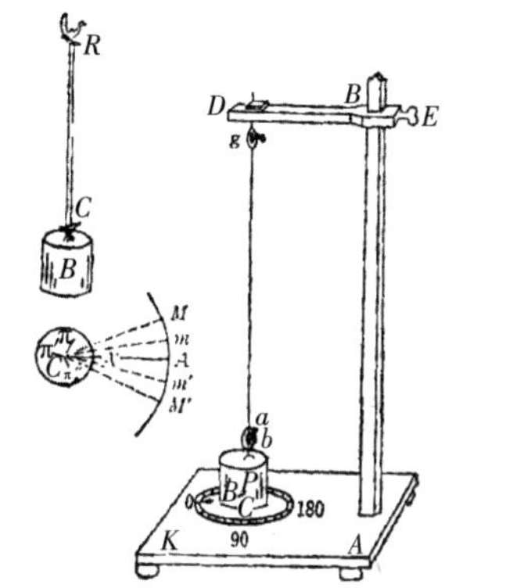
库仑类比农村纺车纱线，发明扭力秤，给出了指南针悬丝扭力公式：$M=\frac{\mu BD^3}{L}$</td><td>点拨：解决实际生产生活的问题是科研选题的方向之一。
抛出新问题：如何定量描述悬丝扭力？
点拨：留心处处皆学问。库仑留意生活，将纺车纱线类比到扭力秤</td><td>学生回忆物理学相关知识，尝试回答：是否可以利用力矩平衡原理进行测量？</td></tr>
<tr><td>阶段(2)：探究电荷排斥力大小</td><td>实验迁移应用典型案例：1785年，库仑参考扭力秤设计出电扭秤，探究同种电荷排斥力大小，得出结论：$F_{斥}\propto\frac{1}{r^2}$ 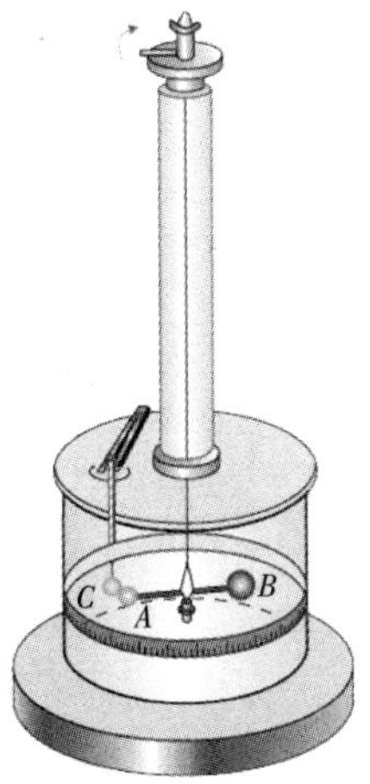</td><td>迁移思考：扭力秤能测出磁力的大小，是否也可测出电荷间力的大小？
新问题：如何操作实验，以探究同种电荷排斥力大小？</td><td>学生回答：电荷间力很小，扭力秤刚好可以测精细之力。
学生回答：让球A、C带同种电荷排斥转动，根据力矩平衡计算转过的角度</td></tr>
</table>

续上表

<table>
<tr><th colspan="2">教学环节</th><th>教学内容</th><th>教师活动</th><th>学生活动</th></tr>
<tr><td rowspan="3">环节3：库仑定律的发现(20分钟)</td><td>小组讨论</td><td>小组讨论：库仑利用电扭秤探究异种电荷间作用力，发现存在较大的偏差。你认为存在偏差的可能原因是什么？（小组观点分享在“课堂派”APP上）</td><td>教师现场投屏“课堂派”APP上小组的代表性回答</td><td>以小组为单位展开讨论，并将小组讨论结果分享在物理学史“课堂派”APP上。代表性观点有：可能两个小球会被吸引撞在一起</td></tr>
<tr><td>阶段(3)：探究电荷吸引力大小</td><td>基于类比设计新实验案例：库仑再次类比万有引力定律，设计出电摆实验。(转化法) 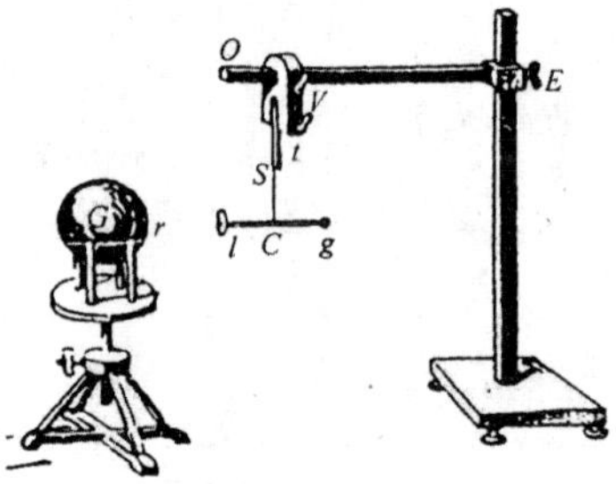
万有引力定律：$mg = G\frac{Mm}{r^2}$
单摆周期：$T = 2\pi\sqrt{\frac{L}{g}}$
联立可得：$T = 2\pi\sqrt{\frac{L}{GM}} \cdot r$</td><td>提问：根据电摆实验装置，如果你是库仑，会如何操作实验？
点拨：整个静电学的发展，多数是在类比引力理论基础上取得的</td><td>学生推理回答：是否可以利用单摆公式，测量摆动周期，计算与距离的关系</td></tr>
<tr><td>阶段(4)：探究作用力与电荷量的关系</td><td>基于对称性思想设计实验典型案例：根据对称性，库仑采用带电球与相同的不带电球接触后平分电荷，获得各种大小的电荷。(转化法、对称思想)
再利用电扭秤实验得到库仑定律：$F \propto \frac{q_1 q_2}{r^2}$</td><td>新问题：电荷间相互作用力与电荷量具有什么关系？如何实验证明？
点拨：物理思想与方法是指导实验设计的利器</td><td>学生根据已有物理知识猜测：电荷间作用力与电荷乘积成正比。
但学生不知如何设计实验证明</td></tr>
</table>

续上表

<table>
<tr><th>教学环节</th><th></th><th>教学内容</th><th>教师活动</th><th>学生活动</th></tr>
<tr><td rowspan="2">环节3：库仑定律的发现(20分钟)</td><td>点拨库仑定律的影响</td><td colspan="3">点拨：库仑定律的建立，使电磁学进入了定量的研究，从而真正成为一门科学 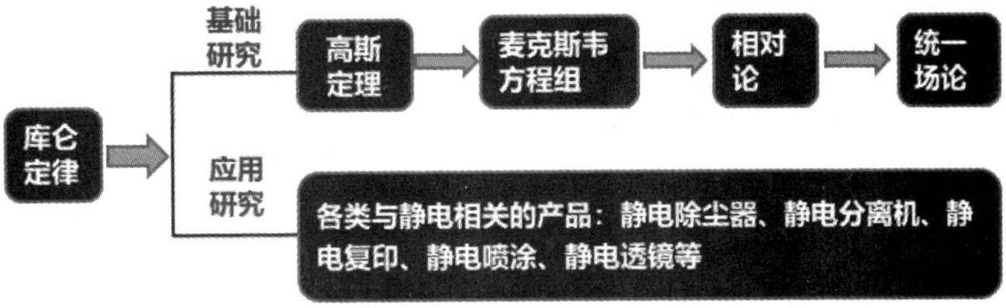
库仑定律
基础研究：高斯定理 → 麦克斯韦方程组 → 相对论 → 统一场论
应用研究：各类与静电相关的产品：静电除尘器、静电分离机、静电复印、静电喷涂、静电透镜等</td></tr>
<tr><td>朗诵教师自编原创诗歌</td><td colspan="3"> 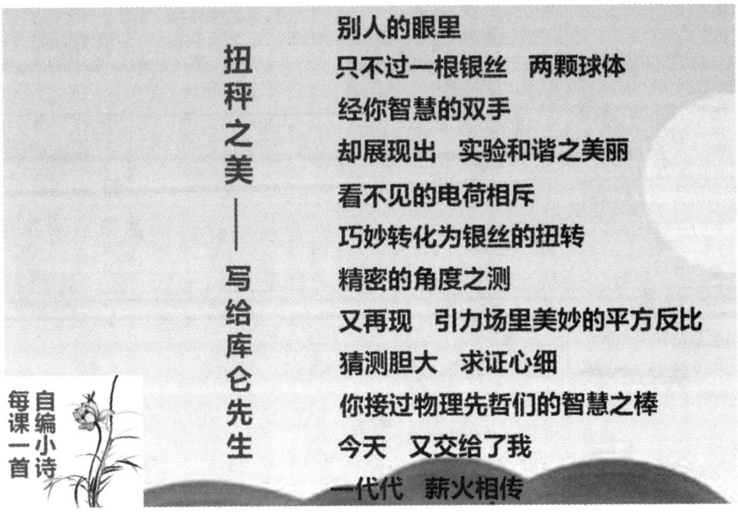扭秤之美——写给库仑先生
别人的眼里
只不过一根银丝 两颗球体
经你智慧的双手
却展现出 实验和谐之美丽
看不见的电荷相斥
巧妙转化为银丝的扭转
精密的角度之测
又再现 引力场里美妙的平方反比
猜测胆大 求证心细
你接过物理先哲们的智慧之棒
今天 又交给了我
一代代 薪火相传
每课一首
自编小诗</td></tr>
<tr><td colspan="2">环节4：我国物理学家赵忠尧先生研制静电加速器（4分钟）</td><td>中国近代科研典型案例：1946—1958年，我国物理学家赵忠尧先生克服重重困难，带领研制出中国第一台静电加速器 </td><td> 点拨：赵忠尧先生一生都怀揣科技救国的梦想，需要我们年青一代传承</td><td>学生认真聆听中国老一辈物理学家的科研事迹，潜移默化地渗透科技报国的思想</td></tr>
</table>

续上表

<table>
<tr><th>教学环节</th><th>教学内容</th><th>教师活动</th><th>学生活动</th></tr>
<tr><td>环节 5：布置网络作业 & 朗诵自编诗（3 分钟）</td><td colspan="3">必做作业：
（1）云平台分享及互评：赵忠尧先生建造中国第一台静电加速器的历程，给予你什么启发？
（2）自学中国大学慕课《物理与文化》第 4 章第 1、2 节。
选做作业：
（1）北大开发出基于高阶静电力的新型扫描探针技术，刷新世界纪录。利用数据库查阅相关前沿文献。
（2）登录学校线上云平台，自学央视《大揭秘》纪录片《物理学大师赵忠尧》。
结束：朗诵教师自编原创诗歌——
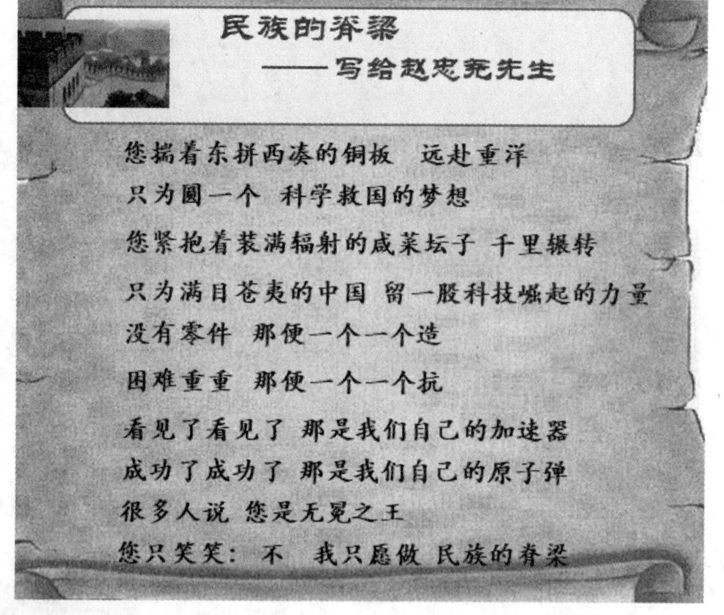
</td></tr>
</table>

七、教学评价

本节课教学评价如表 2 所示。

表 2　教学评价

评价内容	评价标准	评价方式
1. 课前小组展示物理学史舞台剧	（1）能展示对物理学史思考的深度与广度； （2）舞台展示大方，能引起观众注意	占平时成绩 30%，由教师根据舞台剧现场效果进行评价
2. 课中小组讨论	（1）积极参与小组讨论，发言积极且有思考深度； （2）通过“课程派”APP 分享优质观点	教师或助教记录小组发言次数，综合“课程派”APP 分享的小组观点的水平，期末汇总评价，占平时成绩 30%
3. 课后学校云平台学习情况	（1）在云平台发帖回答课后思考题，有思考的深度与广度； （2）主动发帖分享更多的思考，主动阅读并评价其他同学的分享	教师选取云平台中的代表性回答进行线上或线下点评，期末根据云平台学习总体表现综合评价，占平时成绩 40%

八、教学反思

本次“库仑定律的发现”节段现场教学，自评较为满意的地方：一是把库仑当年研究电荷作用遇到的几个问题，改编为堂上面向学生的提问，体现了课程的挑战度。二是在小结环节，用概念图的方法，展示库仑定律在基础和应用研究中所产生的影响，给予了学生一种物理大局观。结尾用红笔在板书上提炼出“真善美”三字，并以自编诗结尾，是开展课程思政的有益探索。

本节课也存在一些需要改进的地方。

一是由于现场有些紧张，忘了点评库仑实验中存在的数据过少、不够严谨的问题，这原本是很好的科学本质观的教学素材。

二是对库仑扭秤实验视频的讲解部分节奏偏快，后续可以考虑暂停视频逐步讲解的方式。

三是在内容设计方面，如果在讲完库仑的研究后，马上横向对比另一位物理学家——卡文迪什也曾开展过的研究电荷作用的方法，会让学生体会到更多样化的物理研究思路。

四是板书略显简单，如能把库仑研究的思想与方法也点拨和板书出来，板书的层次性可能就更好一些。

五是用“课程派”APP 组织小组讨论库仑实验偏差的效果还是没有体现出来，后续要继续摸索利用信息化辅助教学的方法。

扫一扫
观看大赛实录

工科组

激光的产生

暨南大学　朱思祁（工科组）

作者简介：朱思祁，博士，暨南大学光电工程系副主任，副教授，硕士生导师。主要从事激光技术以及光与物质相互作用的相关研究。主持及参与国家自然科学基金项目6项，主持及参与省部级项目5项。在SCI收录的知名学术期刊发表论文85篇。指导学生获得“挑战杯”等国家级和省部级奖项8项，校、市级奖项15项。在教学方面，获第十五届“挑战杯”广东大学生课外学术科技作品竞赛优秀指导教师奖，暨南大学重点重大成果、贡献奖，暨南大学第三届新任教师教学竞赛一等奖等多个奖项。2020年获广东省第五届（本科）青年教师教学大赛工科组一等奖。

课程名称：激光原理与技术
学时：1学时

一、学情与内容分析

学情分析主要包括两个方面：一是课程知识地图分析，即本节课内容与“激光原理与技术”其他章节内容的相互关系分析；二是学生能力构成分析，即学生进行本节课学习的基础能力和学习特征分析。

（一）课程知识分析

本节课是课程第一章导论的第二节课，讲授内容包括光与物质相互作用、受激辐射的放大、激光的产生、激光的四大特性等。其中重点内容是光与物质相互作用的三大跃迁、激光产生必需的三大部件以及激光的四大特性，难点则是受激辐射放大进而产生激光的物理过程。

在上一个学时的授课中，教师介绍了激光的发展历史、激光的特点以及激光的应用等相关知识，学生对激光有了一定的认识，了解了激光与传统光源的差异及其特殊的特性，同时，教师对光波模式和光子态的物理概念进行了解说，为本节课的学习提供了必要的准备知识。而本节课对激光产生的机制以及经典的产生方法进行介绍，使学生了解激光是如何产生的。本节课所提及的三大部件——泵浦源、增益介质、谐振腔的相关知识将在本课程的第二章至第七章进行详细讲授。因此，本节课既是“激光原理与技术”学习的启蒙，也是后续章节的总起和线索，为整个课程的重点内容（课程知识地图如图 1 所示）。

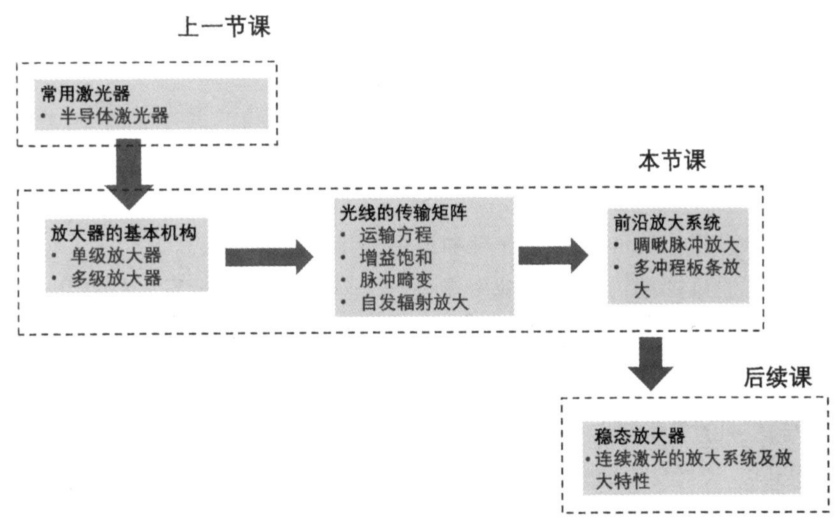

图 1　课程知识地图

（二）学生能力分析

“激光原理与技术”的前导课程包括“高等数学”“普通物理”“电磁场与电磁波”“C 语言”“模拟电路”“数字电路”“工程制图”等必要的基础课，这些均为光电信息科学与工程专业的必修课程。教学系统统计数据表明，大部分学生在这些课程中有良好的表现，对普通物理以及电磁场和电磁波理论均有基本的了解和认识，能够较好地理解相关的物理名词和物理公式。

此外，通过“雨课堂”问卷形式了解学生对光学及激光知识的认识程度，确认学生具备一定的科学素养，对光学和激光均有一定了解，有部分学生已经在其他选修课程或者参与实践项目中对激光进行了初步应用，为本课程的开展奠定了一个良好的基础。考虑到学生刚接触激光理论的学习，本节课在教学内容安排上将更多地借助形象生动的例子，尤其是一些动画和视频，帮助学生理解相对抽象的理论知识，从而提升学生对激光相关理论的理解能力。

二、教学目标

在科学素养和思政教学方面，要求学生了解激光的创造史和激光对我国科技发展的重要性；着重了解我国众多激光技术处于世界顶尖水平的发展现状；培养学生对我国科技的自信心和自豪感。

在技术知识教学方面，要求学生掌握如下内容：受激吸收、自发辐射、受激辐射的定义及物理机制；受激辐射放大的条件及效果；激光产生的基本原理；激光的四大特性。

三、教学手段与方法

（一）教学手段

（1）课堂：多媒体课件、影像资料和板书并用的教学手段。

（2）课外：通过“雨课堂”完成资源发送、答疑、协作学习、作业提交、参与投票统计等学习过程。

（二）教学方法

根据教学大纲的教学指导思想，本课程教学采用理论充分结合实验、实物、实用（“三实”模式）以及教师最新的研究成果等进行具体教学，以讲授教学法为主、互动讨论为辅。具体在课堂讲授中做到以下几点：

（1）以学生关注的、最前沿的激光新闻或者激光信息引出课程学习内容，充分调动学生学习的积极性，使学生带着强烈的兴趣进行学习。

（2）注重采用层层诱导的方式，通过一边推导一边让学生参与思考的方法，调动学生积极思考，参与到推导过程中来，不但能够很好地进行理论学习，更能够培养和提升思考问题和解决问题的逻辑思维。

（3）利用直观的图形、动画、音视频及实验帮助学生理解抽象概念，建立一定的形象思维。

（4）利用比喻、类比、对比等方法增强学生对相关或相近知识点的理解。

（5）结合实例、实物以及相关的演示视频，帮助学生熟悉并掌握该项原理、技术的实现方式和应用场景。

（6）结合教师科研工作，使得学生对于前沿技术有初步认知。

学生除了听课以外，还需要在教师的指导下进行激光的系统设计、系统分析以及系统评价，通过以小组为单位研究解决教师提出的一些激光器的改善问题，培养科学素养、团队合作精神以及解决问题的能力。此外，根据所学知识进行课堂讨论，培养语言组织能力、学术表达能力以及知识应用能力。

（三）教学创新

（1）本节课应用“三实”模式进行教学，通过向学生展示大量的应用了激光理论的实际系统，从而使学生有更形象的认识；通过开展课堂实验，尤其是一些奇特现象的展示，极大地调动学生兴趣。此外，实际应用的介绍，一方面能够帮助学生了解相关技术的发展目的，另一方面也能够让学生了解当前的一些发展形势。总的来说，在授课中引入“三实”，对教学效果有极大的提升。

（2）本节课采用启发式教学方法，重视对学生思维、认知和行为的启发过程，尤其是强调对案例的使用、情景的创设、问题的凝练和逻辑的铺设，进而为学生创设一个启发性的课堂空间。在课件设计中，以清晰的逻辑关系，逐步展示理论推理过程，与学生一起，通过课件逐个出现的关键信息，推导最终结论。

四、教学过程设计与实施

扫一扫
获取教学课件

本节课教学过程设计与实施如表1所示。

表1 教学过程设计与实施

教学安排	教学内容	教学思路及教学方法
（一）内容回顾和课程导入（2分钟）	1. 教学指导思想导入 “知识传授”“思维开发”与“课程思政”同步进行，相互融合的理念。 2. 教学重点内容 （1）关乎国家战略的相关激光技术发展情况（激光武器）； （2）我国先进激光技术发展现状。 3. 教学资源引入 展示前沿科学文献、政府项目计划、大型科学设备图片。 4. 提问 激光如此受各国关注，那激光究竟是怎样产生的呢？	（1）以实际案例激发学生学习兴趣，引导学生思考“激光是如何产生的”这一学术问题。 （2）通过我国激光技术先进性介绍，激发学生对我国科学技术的自豪感和自信心
（二）激光的产生机理（7分钟）	1. 教学指导思想导入 坚持讲授内容具有高阶性且翔实丰富的理念，对重点难点不删减、不回避，重点讲解。 2. 教学重点内容 （1）激光与其他能量形式的关系； （2）三大跃迁； （3）受激辐射放大及激光产生。	（1）采用层层诱导、不断问答思考的方式进行讲授，引导学生思考得出“激光由其他形式的能量转化而来”，并得出激光需要泵浦源和介质的结论。

续上表

教学安排	教学内容	教学思路及 教学方法
（二） 激光的产生机理 （7分钟）	3. 教学资源引入 （1）播放激光打标和激光切割视频，形象讲解激光是一种能量形式； （2）利用动画为学生总结激光是一种能量形式，且符合能量守恒定律中“能量只能从一种形式转换为另一种形式”，引导学生思考“激光从何而来”； 激光是一种能量的形式 能量只能够从一种形式转化到另一种形式  激光只能从另外的能量形式转化而来 电能、其他形式的光能 （3）引入动画生动形象地展示能级的三大跃迁过程； （4）引入动画生动形象地展示受激辐射的两大特征； （5）引入动画生动形象地展示受激辐射放大过程以及激光的名称与其机理的关系	（2）利用比喻、类比、对比等方法增强学生对相关或相近知识点的理解和辨析。在描述电子激发态和基态变化情况时，以势能做类比，高度变化导致物体势能变化，类比电子在不同能级（轨道）有不同的能量。并在三大跃迁介绍中，以势能类比，说明当电子从高能级回到低能级，必然要释放能量，而能量正是通过光辐射形式释放的。 （3）引导学生进行一个物理假设和思考：假设有一个无限长的介质，且持续供给泵浦，那么一开始的自发辐射往后传播，会作为诱发光诱发受激辐射，而受激辐射所产生的光因为与诱发光一致，使得诱发光变强，而诱发光变强，受激辐射也随之变强，不断增益，进而展示出受激辐射是如何逐步实现放大的

续上表

教学安排	教学内容	教学思路及教学方法
（三）激光的产生方法（3分钟）	1. 教学指导思想导入 坚持讲授内容具有高阶性且翔实丰富的理念，对重点难点不删减、不回避，重点讲解。 2. 教学重点内容 （1）谐振腔的基本作用； （2）激光器的三大构成。 3. 教学资源引入 引入动画，对激光的产生方法尤其是谐振腔的作用进行形象描述。 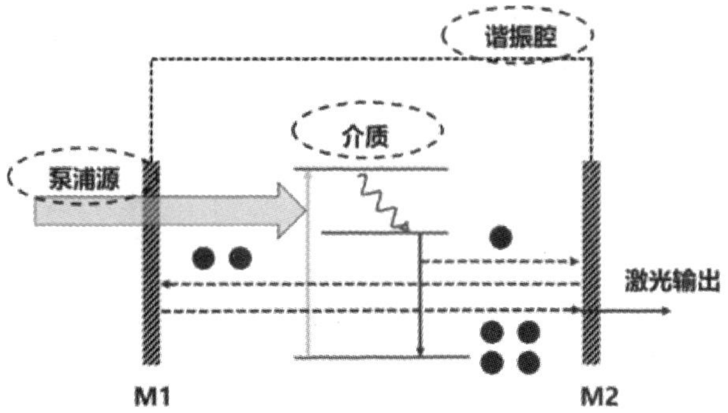 谐振腔 介质 泵浦源 激光输出 M1 M2 4. 提问 科学家们是如何解决这个无法获得无限长介质的制约的？	（1）由于上面的描述均来源于一个特殊假设，那就是介质无限长，但实际上介质不能无限长，因此，在这里通过向学生提问“科学家们是如何解决这个无法获得无限长介质的制约的?”，进而引导学生进行激光产生方法的学习。 （2）利用动画展示，当巧妙地在介质两端设置两个镜子，让光子在镜子之间往返，不断穿过介质，则可等效于无限长的介质，进而引出谐振腔的概念，并阐明其作用，并最终引出激光器的基本构成为泵浦源、激光介质和谐振腔
（四）经典激光器剖析（5分钟）	1. 教学指导思想导入 （1）体现实验、实物、实用的“三实”教学，并通过讲授首台激光器的发明历史，激发学生对科学研究的使命感和兴趣，进行课堂思政教育； （2）保持教学内容具有创新性的理念。 2. 教学重点内容 （1）首台激光器（红宝石激光器）的剖析； （2）实验室先进激光系统剖析； （3）激光系统的复杂性解释。 3. 教学资源引入 （1）教师展示第一台红宝石激光器的图片；	（1）结合实例、实物以及相关的演示视频，帮助学生熟悉并掌握该项原理、技术的实现方式和应用场景。

续上表

教学安排	教学内容	教学思路及 教学方法
（四） 经典激光器剖析 (5分钟)	(2) 播放红宝石激光器的拆解视频； (3) 播放教师自主制作的实验室激光器安装实验视频； 主讲教师资源引入 (4) 引入现实激光器件图片	(2) 以世界第一台激光器——红宝石激光器为例回应上面关于激光三大部件的描述，并向学生展示其拆解视频，一方面可以使学生对三大部件有更形象和深刻的了解，另一方面也使学生对激光发展史有更深入的认识。 (3) 由于红宝石激光器年代已久，为了使学生了解最前沿的激光系统搭建，利用教师在实验室拍摄的视频展现当前激光实验系统的基本架构，再一次强调了激光的三大部件。 (4) 向学生展示真正的激光器十分复杂，鼓励学生继续学习
（五） 三大部件的作用 (15分钟)	1. 教学指导思想导入 以讲学内容具有高阶性、创新性、挑战度（“两性一度”）的要求为指导，进行下述内容设计及讲学。 2. 教学重点内容 (1) 泵浦源分类：电泵浦、灯泵浦、半导体激光泵浦。 (2) 各类泵浦源优缺点：着重提出半导体激光泵浦固体激光器而形成的全固态激光器的优点。 (3) 谐振腔作用之一，提供光学正反馈：受激辐射的不断往返放大过程分析、输出损耗与输出功率的制约关系。 (4) 谐振腔作用之二，进行模式的选择：通过腔镜进行输出波长、输出模式的选择技术。 (5) 激光介质的分类：固体、液体、气体、半导体、光纤。	(1) 结合实例、实物以及相关的演示视频，帮助学生熟悉并掌握该项原理、技术的实现方式和应用场景。 (2) 利用教师在实验室拍摄的激光器谐振腔调节视频，展示谐振腔提供光学正反馈，当谐振腔损耗过大，反馈不足，激光就会消失。

续上表

教学安排	教学内容	教学思路及教学方法
（五）三大部件的作用（15 分钟）	（6）激光介质的三能级系统及四能级系统。 3．教学资源引入 （1）教师以自主制作的谐振腔实验视频展示谐振腔作用； （2）引入教师团队所制备的激光介质展示图片，使学生更形象地了解激光介质； （3）引入教师实验室中泵浦源的实物图，使学生更了解泵浦源的实际结构和实际应用	（3）在介绍泵浦源、谐振腔以及激光介质分类的时候，采用实际图片结合结构图的方式进行讲解，使学生对激光的三大部件有更深刻的认识
（六）激光的特性（10 分钟）	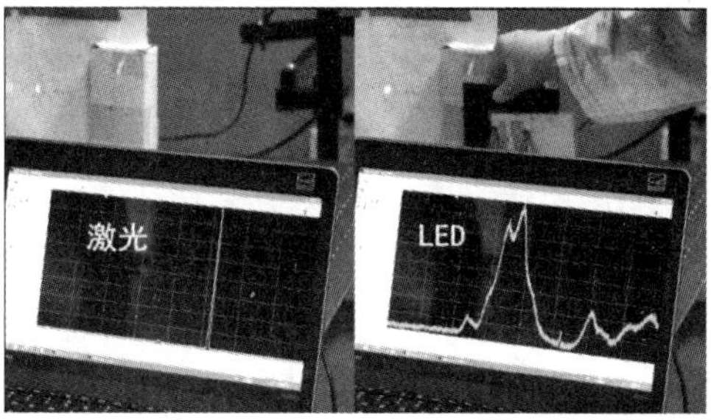 1．教学指导思想导入 以知识传授为基础，引导学生进行知识应用，注重培养学生开拓创新的能力。 2．教学重点内容 （1）激光的单色性指标描述； （2）激光的方向性指标描述； （3）激光的相干性指标描述； （4）激光的亮度指标描述。 3．教学资源引入 （1）教师展示自主录制的激光光谱及 LED 光谱测试实验视频； （2）红外无接触测温枪和激光测距仪实际应用事例。	（1）结合实例、实物以及相关的演示视频，帮助学生熟悉并掌握该项原理、技术的实现方式和应用场景。 （2）本节讲授涉及相对较多的物理公式描述，在讲述过程中注意事例讲解和理论讲解的穿插，保持学生对授课内容的关注度，提高其精神集中力。 （3）以测温枪以及激光测距仪为事例，说明激光四大特性的应用，并指出当前测温枪操作难以保证测量距离的准确度，引导学生思考如何结合激光测距做到全程无接触地精准测量

续上表

教学安排	教学内容	教学思路及 教学方法
（六）激光的特性（10分钟）	 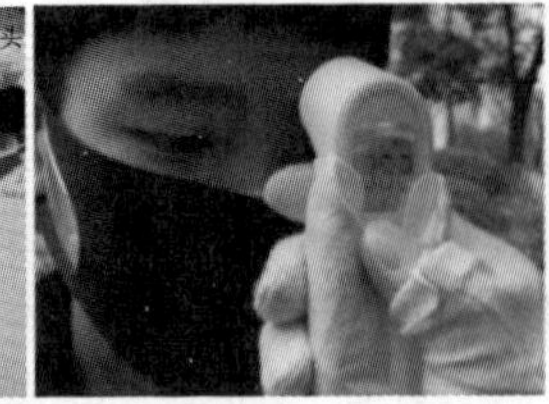  4. 提问 怎么利用激光特性和激光测距技术保证测温枪每次测量时其测量距离都符合要求？	
（七）前沿技术介绍、课堂小结、作业和思考题（3分钟）	1. 教学指导思想导入 以知识传授为基础，引导学生进行知识应用，注重培养学生开拓创新的能力。 2. 教学重点内容 （1）脉冲能量可调的耦合腔式被动调Q黄光固体激光器； （2）思考题布置及讲解； （3）作业题布置。 3. 教学资源引入 （1）“挑战杯”省特等奖、国家二等奖项目——脉冲能量可调的耦合腔式被动调Q黄光固体激光器项目实物图及结构图展示；  （2）与自然界是否能产生激光相关的文献资料。 4. 提问 自然界存在激光吗？	（1）结合实例、实物以及相关的演示视频，帮助学生熟悉并掌握该项原理、技术的实现方式和应用场景。 （2）结合教师科研工作，使得学生对于前沿技术有初步认知。 （3）引入教师指导学生获得的“挑战杯”省特等奖、国家二等奖项目——脉冲能量可调的耦合腔式被动调Q黄光固体激光器项目，说明激光器设计并不是只有三大部件这么简单，鼓励学生继续学习。 （4）通过提出自然界是否存在激光，引导学生利用激光的产生机理和产生方法等知识对实际问题进行分析，并推荐相关文献给学生进行参考，拓展学生视野

五、教学评价

本节课的教学目标是使学生在了解激光产生机理的基础上，能够重点掌握如何通过泵浦源、激光介质和谐振腔结合实现激光的输出。具体而言，本节课第一个知识点——激光的产生机理主要讲述了激光是通过其他能量使得介质产生受激辐射并不断放大而获得的。在对第二个知识点——激光的产生方法的讲述中，结合形象化的动图，介绍科学家如何通过巧妙设置两个反射镜组成谐振腔解决激光的实际获取问题。在第三个知识点——经典激光器剖析的讲解中，采取视频结合动图、结合实物的方式，形象地介绍了各种经典激光器的结构。总之，本节课以形象生动的方式让学生认识与理解激光的产生机理、产生方法以及实际激光器的结构。

根据现代教育思想和教学观念，本节课的教学评价主要从三个方面切入，分别是诊断性评价、形成性评价和总结性评价。诊断性评价侧重对学生基础能力的评价，本节课主要根据学生之前的学习表现和进步状况进行此评价，以确定学生的基础知识结构、能力素养和思维偏好。形成性评价侧重教学活动的过程评价，本节课主要根据学生的课堂提问、课堂反应和讨论效果进行此评价。总结性评价侧重教学活动的总体评价，本节课主要根据学生的课后作业进行此评价。三种评价手段的综合运用，可以使教师及时了解教学中取得的成绩和存在的问题，调整或改进教学工作，使教学在不断的测评、反馈、调整的过程中趋于完善，最后达到较好的教学目标。

（一）诊断性评价：根据学生的前期学习表现来评价教学效果

对学生在本课堂之前的学习表现以及在其他课程中的表现加以了解，据此对本课程的讲授加以专门的设计。本节课重在考查学生对基础知识的理解能力、对问题的认知能力以及批判能力。通过学生之前的课堂表现和前期作业情况，掌握学生的学习特点、思维倾向和知识结构，从而对学生进行诊断性评价，进而考查学生是否具有开展本节课学习的基础知识储备。通过学生的学习特征和相关能力的诊断，决定本节课的组织过程和教学方式。

（二）形成性评价：根据学生的课堂讨论表现来评价教学效果

学生的课堂表现能够部分反映出教师的教学效果。针对教学目标，课堂以“教师讲解 + 课堂讨论”的方式进行安排，以把握学生对知识点的认知和理解程度。具体来说，教师除了对主要知识点进行讲解，还会提出问题供学生进行课堂讨论。如果课堂讨论能够激活学生的表达欲望，而且能够看到学生思维的闪光点，尤其是能够运用所学知识并以发散思维对现实问题进行分析和解释，表明课堂教学效果较好；如果学生讨论只是停留在对基本知识的复述和记忆层面，或者无法将课堂知识和具体的现实问题进行有效的对接，说明课堂教学效果较差，应该采用启发式教学或抛锚式教学以更好地激活学生的认知能力和发散思维。

（三）总结性评价：根据学生的课后作业表现来评价教学效果

本节课为学生布置了一道思考题，希望学生能够结合课堂学习知识进行解释。这是一道前沿且与本节课密切相关的题目，一方面考查学生对课堂知识的理解与掌握程度，以及对所学知识的运用程度，另一方面考查学生是否能够把握激光学术研究的前沿，是否能够充分阅读科研文献、了解科研知识。

作业设计主要是考查学生的三种能力素养：记忆能力、认知能力和实践能力。三种能力素养具有一定的层级关系，具体表现为知识和能力结构上的递进关系，即一种能力素养的获得建立在对前一种能力素养的掌握基础之上。我们会为每一种能力素养设定必要的评价指标，根据学生的作业进行指标化的科学评价，以此监测课堂的教学效果，进而在后续的教学过程优化和教学环节设计上进行相应的反思、调整和改进。

六、教学反思

（一）教学思想

本节课始终坚持知识学习、思维培养和课程思政并重的理念。针对工科教学要求学以致用的特点，注重前沿性技术和创新性应用的引入，激发学生学习热情，培养学生锐意创新的探索精神以及精益求精的工匠精神。

（二）教学方法

“激光原理与技术”是一门理论性很强但同时又特别注重应用的工科课程。为了使学生能够更形象、清晰地了解相关的原理与技术，本节课采取了“实物”“实验”和“实用”结合的“三实”模式进行教学，并由此引入了大量的多媒体资源以及案例，获得了不错的效果。然而，一些抽象的物理概念以及烦琐的公式推导过程，因其特殊性，尚无法很好地通过“三实”的形式进行展现，也难以与多媒体资源进行有效结合，有部分学生未能很好地了解相关内容。

在后续教学中，我会将抽象的物理概念和物理过程进行适当的类比并制作成视频动画向学生进行展示，使学生能够更好地理解这些艰涩难懂的内容。同时，我将加强板书设计，将公式推导过程中的重要步骤进行板书，让学生们跟随节奏，一起参与到推导过程当中，诱导学生进行分析和推演，通过提高学生的参与度，降低学生对烦琐推导的抗拒感。

（三）教学过程

在本节课的教学中引入了经典案例、经典器件等进行辅助教学，能够很好地调动学生的兴趣。然而由于课程理论性较强，且前期需要准备的知识较多，在讲授理论内容时有部分学生依然会产生疲倦感。因此，后续教学将加强学生感兴趣的资源的引入，并加强随堂讨论，提高学生的学习兴趣以及课堂参与度。按“两性一度”标准，学生要学好这节课是有难度的，因此，需要保证学生有很高的学习热情，才能够使他们能够“迎难而上”，而不是“知难而退”我认为在教学过程中引入前沿、热点技术介绍，以及适当添加随堂讨论是很好的方法，后续课程将继续加强这方面的建设。

柱层析提取技术

华南师范大学　倪贺（工科组）

作者简介：倪贺，女，华南师范大学生命科学学院副教授。主讲课程：生物分离工程。主要研究方向：天然活性物质分离纯化及构效关系研究。2020 年获广东省第五届高校（本科）青年教师教学大赛工科组一等奖。

课程名称：生物分离工程
学时：1 学时

一、学情与内容分析

（一）学情分析

1. 知识基础

本节课的授课对象为生物工程本科三年级学生。本年级学生已掌握了分析化学、生物化学和化工原理的基本理论和方法，并且已学习了常规的溶液提取法的原理和技术，为理解柱层析提取技术的原理和操作奠定基础。

2. 能力分析

在学习本章之前，学生已经具备一定的科学探究能力，但由于本节课内容是教师研究团队的自主研发技术，学生缺乏对柱层析提取技术的直观认识，需要通过“温故知新”的方式，加深学生对该技术的理解。同时，作为刚刚接触生物学专业课不久的学生，还处于打基础的阶段，缺乏对生物学科学问题的归纳和演绎，本项技术的发明及应用过程正是应用创新思维对已有技术的综合和演绎的良好示范，希望学生能够加以借鉴。

（二）内容分析

本节课属于第三章“生物活性物质提取技术”第四节的延伸，包括柱层析提取技术原理、柱层析提取技术实验流程、柱层析提取技术发展及应用，为教师科研团队自主研发内容。在本节课之前，学生已经学习了常规的生物活性物质的提取方法，本节课的内容是之前课程的拓展与延伸，符合“两性一度”的高校金课标准。本节课的教学内容沿着科学研究的思路逐步推进，是培养学生创新性和科研能力的良好范例。

二、教学目标分析

（一）知识目标

掌握柱层析提取技术的原理和基本操作。

（二）能力目标

能够应用柱层析提取技术对不同植物材料中的活性物质进行高效提取；培养学生独立查阅文献、分析问题和解决问题的能力。

（三）素质目标

本节课的授课内容是教师科研团队的自主研发技术，具有较强的创新性，希望学生在学习该技术的同时强化创新意识；同时通过本节课的学习，加深学生对本专业的热爱，提升专业认同感和学习兴趣。

三、教学重点与难点

（一）教学重点

重点：柱层析提取技术原理。

突出教学重点的策略与方法：柱层析提取技术作为一项创新性较强的提取技术，学生对其缺乏直观认识。本节课采用“复习旧知，引入新知”的教学手段，通过对已学过的“溶剂提取法”和化工原理中的“色谱塔板理论”的复习引出柱层析提取技术的概念和原理，并通过与“柱层析分离技术”的对比加深学生对该技术的理解。

（二）教学难点

难点：柱层析提取技术操作流程。

突破教学难点的策略与方法：利用智慧课堂，以抢答的形式让学生根据已学过的溶剂提取法和色谱分离技术的影响因素，总结影响柱层析提取效率的因素，并通过案例教学，进一步深化柱层析提取条件的优化方法；同时采用视频演示实验的方式加深学生对该技术的理解，为下一节实验课学生的实验操作奠定基础。

四、教学过程设计与实施

本节课采用“线上 + 线下”混合教学模式，课堂教学总时间为 40 分钟。

（一）教学流程图

本节课教学流程如图 1 所示。

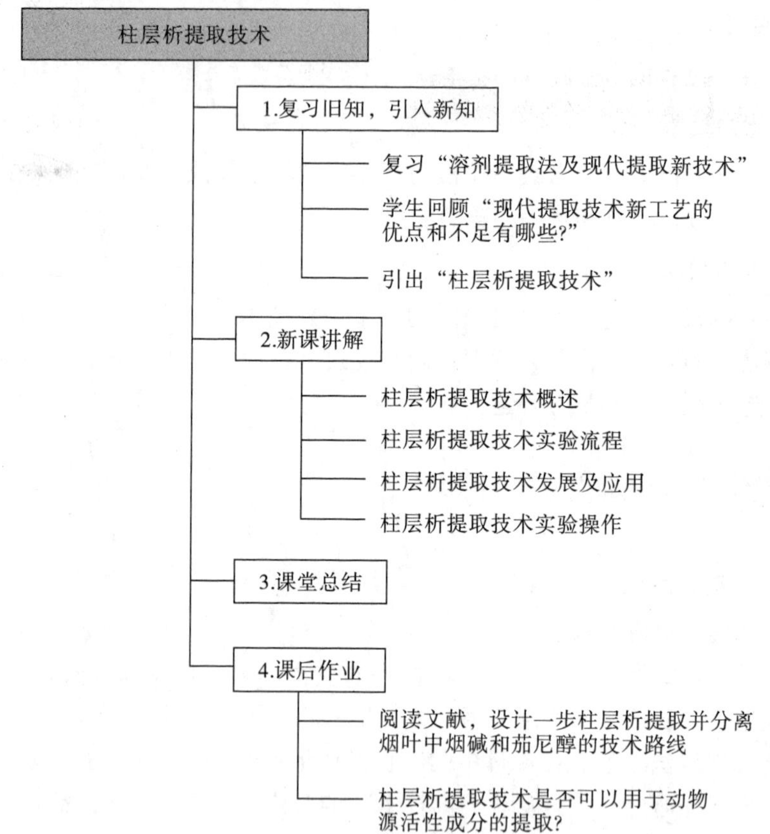

图 2　教学流程图

（二）教学过程设计

本节课教学过程设计如表 1 所示。

表 1　教学过程设计

教学环节	教师活动	学生活动	资源应用
1. 新课导入	以问题引导的方式带领学生复习旧知（溶剂提取法及现代辅助提取技术），引入新知（柱层析提取技术），通过问题驱动，引发学生的求知欲望，调动学生的学习积极性和主动性，引导学生对本节课进行探究学习 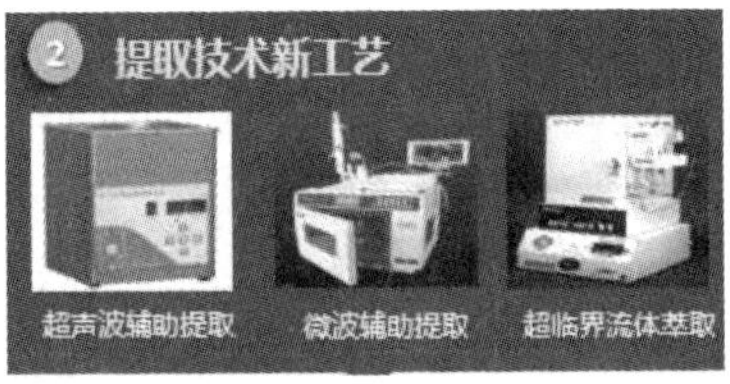 	观看课件，以翻转课堂的方式思考并讨论：溶剂提取法存在的问题及现代辅助提取技术新工艺的优点和不足有哪些？	仿真实验平台：  学习通智慧课堂：
2. 柱层析提取技术原理	采用思维导图的方式，带领学生回顾柱层析提取技术最初的设计思路，将该技术原理进行拆解，逐级递进地深度解析该技术的概念和原理；在此基础上，通过对比“柱层析提取技术”和“柱层析分离技术”强化学生对该技术的掌握 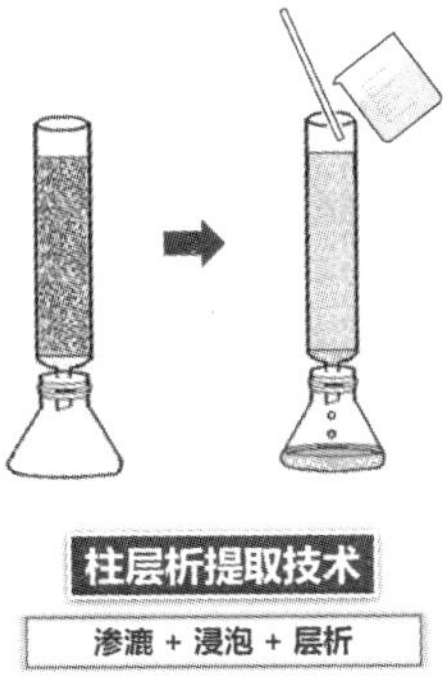 	观看课件并听课，回顾溶剂提取法和色谱塔板理论的原理，学习柱层析提取技术的基本原理	中国大学慕课： 云课堂： 

续上表

教学环节	教师活动	学生活动	资源应用
3. 柱层析提取技术实验流程	以流程图的方式介绍柱层析提取技术的基本操作步骤，利用智慧课堂开放课堂讨论，调动学生的学习积极性和主动性；以案例教学的方式，通过已经发表的相关论文的研究路线，向学生介绍该方法的实验流程；设置拓展问题，考查学生对本节课的掌握情况；在此基础上，以视频的形式演示柱层析提取技术的操作流程	观看课件并听课，根据该技术的原理讨论“影响柱层析提取效率的因素有哪些”。 观看“柱层析提取技术”演示视频	学校数据库资源： ScienceDirect cnki 中国知网 www.cnki.net 中国知识基础设施工程 多媒体动态辅助： 学习通智慧课堂： 演示视频：（略）
4. 柱层析提取技术发展及应用	教师总结科研团队对本技术的应用及最新的研究进展，使学生能够了解本方法的适用范围及特点，并通过实例教学使学生加深对该技术的理解；在此基础上，引导学生总结柱层析提取技术特点及评价；介绍国内外同行对该技术的评价，提升学生的专业认同感和自信心 特点 ■提取效率高：>95% ■溶剂用量少：材料干重1.5~5倍体积 ■节能：室温、静置提取 ■工艺简单：一步提取 ■设备投资少：降低至1/5至1/10 ■生产成本低：降低一半以上	观看课件并听课，思考“柱层析提取技术的适用范围及特点”，根据已学习的知识总结柱层析提取技术的特点	学校数据库资源

续上表

教学环节	教师活动	学生活动	资源应用
5. 小结及布置课后作业	回顾本节内容，布置课后作业：(1) 通过阅读文献，设计一步柱层析提取并分离烟叶中烟碱和茄尼醇的技术路线图，并在云平台上展示。(2) 思考：柱层析提取技术是否可以用于动物源活性成分的提取？	通过查阅文献完成课后作业并在云平台上提交	学校数字图书资源库；云课堂

五、教学评价

依据上述教学过程安排，针对本节课教学目标，设计相应的教学评价，以灵活多样的评价方式，促进学生反思与学习。具体教学评价如下。

（一）新课引入环节

利用智慧课堂，以翻转课堂的形式让学生总结常规溶剂提取法存在的问题，考查学生对以往课程以及线上预习内容的掌握情况。

（二）柱层析提取技术实验流程环节

以主题讨论的形式让学生总结影响柱层析提取法提取效率的因素。

（三）课后作业

利用“云课堂”收集学生的课后作业，考查学生对拓展问题的思考，培养学生独立分析问题、解决问题的能力；对于比较优秀的作业，将在下一节课进行课堂展示，提高学生的课堂参与度和学习积极性。

以上三部分评价内容均列入课程的平时成绩，占总成绩的35%。

（四）实验操作考查

在相应的实验课中考查学生对该技术的掌握情况。该部分内容列入实验课成绩。

六、教学反思

柱层析提取技术是一项由本研究团队自主研发的新型、高效的提取技术，目前已经在相关行业广泛推广并应用。本节课的教学是科研反哺教学的良好体现，符合“两性一度”金课要求。

课堂开篇采用“复习旧知，引入新知”的教学方法，通过介绍“溶剂提取技术”目前存在的问题引出本节课的教学内容；在“工作原理”部分，依据该技术的研发思路，通过“温故知新”的教学方法，加深学生对该技术工作原理的理解。整个教学过程采用案例教学、启发引导、“STS 教学”等多种先进的教学策略，沿着问题探究的思路逐级递进地介绍柱层析提取技术的工作原理、实验流程和发展应用，使学生整体掌握该技术。该技术的研发过程正是技术创新的良好体现。因此，学生通过本节课的学习，不仅掌握了该项技术的基本理论，也培养了创新思维，增强了学生对本专业的自信心和认同感。本节课采用“线上 + 线下”混合教学的模式将理论教学与实验操作充分融合，体现了“教—学—做”一体的教学思路，充分展示了“以学为中心”的教学理念。

由于时间有限，对该技术的研究进展没有展开介绍，将该部分内容以课后作业的形式放置在线上微课中给学生进行自学。同时，由于其作为一项新兴发展的技术，相关的教学素材相对有限，今后将进一步开发更为丰富的教学资源，以便学生更好地掌握本节课的知识。

正弦稳态电路的功率

广州大学　钟晓静（工科组）

作者简介：钟晓静，女，讲师，现任职于广州大学。主讲电路、电路实验、复变函数与积分变换等课程。主要研究领域：随机复杂耦合传播系统的建模、分析与控制，包括突发传染病系统、信息传播系统、无线传感网络系统等，通过建模分析系统的传播趋势，以及相对应的控制措施。发表 SCI 科研论文 10 余篇，主持广州市科技计划项目、广州市教育局青年研究项目等。曾获广州大学本科课堂教学优秀奖、一等奖。2020 年获广东省第五届高校（本科）青年教师教学大赛工科组一等奖。

课程名称：电路
学时：1 学时

一、学情与内容分析

（一）学情分析

知识储备方面，学生在第四章学习了最大功率传输器问题，在第六章学习了电感和电容元件，并在第八章学习了向量法，包括电感和电容元件的相量模型以及基尔霍夫定律的相量，这些知识点为本节的学习打下基础。

能力需求方面，正弦稳态电路有别于直流电路，功率的类型有四种。学生在学习时需要有效区分其中的差别并结合实践应用，需要较强的数学分析和工程应用能力。

学习风格方面，学生已学习过电阻、电容、电感知识，能进行基本的电路模型向量法分析，对于将三类元件统一看待充满好奇，对正弦稳态电路下的功率问题感兴趣，需要注重定义的本质特征和意图。

（二）内容分析

正弦稳态电路章节和现实生活中的用电系统息息相关，具有重要的现实指导意义。

第四节的功率分析涵盖有功功率、无功功率、视在功率，融合了电阻、电容和电感的新知识点，是正弦稳态电路分析的重难点。在后续的实际应用中常会看到、用到功率概念，本节课的内容与实际应用密切相关。

二、教学目标分析

（一）知识目标

（1）理解有功功率、无功功率、视在功率和复功率的基本概念。

（2）会计算正弦稳态电路的功率。

（3）熟悉掌握各类功率的关系和应用。

（二）能力目标

（1）通过各类功率的比较，培养学生的分析类比能力。

（2）通过功率计算训练，培养学生的电路参数计算能力。

（3）培养学生结合所学知识联系实际并展开分析的能力。

（三）素质目标

（1）分析类比解决问题的思路。

（2）系统化认识电路的全局观。

（3）从应用角度结合实际体会理论与实际的关联性。

三、教学重点与难点

重点：有功功率、无功功率、视在功率的计算。

难点：功率因数与功率的转化关系。

解决策略：概念结合实际加深学生对概念的理解。引入阻抗三角形、功率三角形和功率因数角，从不同角度对有功功率、无功功率和视在功率的内在关系进行讲解，并通过练习题加深对概念的理解。

四、教学策略与方法

教学方法以引导探索为主，根据学生的心理发展特征和所授知识点的多维特性，主要采用引导法、分类讨论法、分析法使学生掌握知识点（见图 1）。

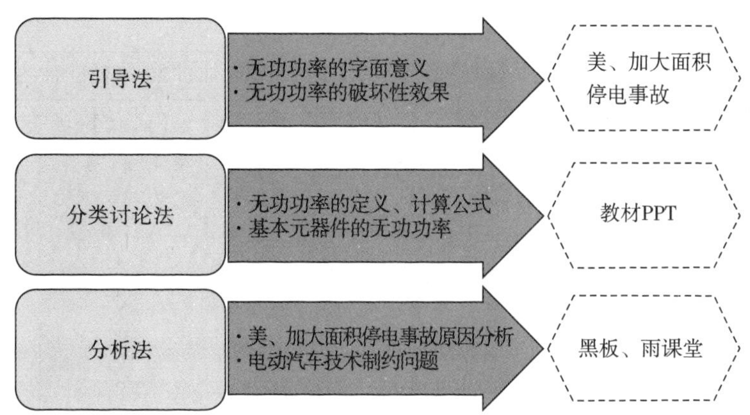

图1　本节课的教学策略与方法图

五、教学过程设计与实施

扫一扫
获取教学课件

本课时教学分为四个部分：问题导入、新课讲解、分析应用、总结延伸。具体的教学安排如表1所示。

表1　教学过程设计与实施

教学步骤	时间	教师活动	学生活动	设计意图
第一步：问题导入	2 min	**有功功率、无功功率是什么？** 【问题引入】大家都看过高压传输线。在高压传输的设计中，既要考虑有功功率，又要考虑无功功率。 【提出问题】大家能想象为什么吗？正弦交流电的功率和直流电的功率区别在哪里？	【思考】从电阻的外观出发，上面的电阻体积大，下面的电阻体积小，体积越大的电阻阻值越大吗？	以电阻的表象性特征为切入点，引导学生思考电阻的阻值概念，进行表征特性与理论论证的思考

续上表

<table>
<tr><th>教学步骤</th><th>时间</th><th>教师活动</th><th>学生活动</th><th>设计意图</th></tr>
<tr><td>第二步：新课讲解</td><td>30 min</td><td>一、瞬时功率的定义
【定义讲解】从瞬时功率这个学生熟悉的概念开始讲解。
瞬时功率：一端口内部不含独立电源，仅含电阻、电感和电容等无源元件。
它吸收的瞬时功率 P 等于电压 u 和电流 i 的乘积：
$$P = ui$$
带入电流电压的正弦值：
$$P = UI\cos\varphi + UI\cos(2\omega t + \psi_u + \psi_i)$$
第一个为恒定分量，第二个为正弦分量。
二、有功功率的定义
有功功率/平均功率：是指瞬时功率在一个周期内的平均值。
【特别强调】平均功率实际上是电阻消耗的功率，即为有功功率，代表电路实际消耗的平均功率。它不仅与电压电流有效值有关，而且与 cos 的值有关。这是交流和直流的重要区别之一，主要由于存在储能元件产生了阻抗角。
三、无功功率的定义
美、加大面积停电事故：
2003 年发生于美国和加拿大的大面积停电事故，其核心原因正是人们忽略了无功功率的作用，导致电网崩溃。
无功功率：
$$Q \overset{def}{=} UI\sin\varphi$$
反映了内部与外部往返交换能量的情况。电机和变压器的容量是由视在功率来表示的。
【物理意义】电抗元件吸收无功，在平均意义上不做功。$Q = UI\sin\varphi$，Q 的大小反映网络与外电路间交换能量的最大速率。
四、视在功率的定义
视在功率：
$$S \overset{def}{=} UI$$
【关系讲解】有功功率 P、无功功率 Q 和视在功率 S 存在下列关系：
$$P = S\cos\varphi$$
$$Q = S\sin\varphi$$</td><td>【回顾】功率的最基本定义。

【思考】有功功率和直流电路中的功率之间是什么关系？

【思考】无功功率不做功吗？

【领悟】无功功率的实际用途。

【学习】各功率之间的关系，功率因数的计算，不同类型的功率因数</td><td>通过 PPT 展示的方式让学生回归知识点本身，学习基础知识。

无功功率不同于有功功率，是一个相对抽象的概念。本环节从一个真实存在的案例出发，让学生重视并产生学习兴趣</td></tr>
</table>

续上表

教学步骤	时间	教师活动	学生活动	设计意图
第二步：新课讲解	30 min	【分层讲授】功率因数在不同元件中的具体情况。先给出功率因数的定义： $\lambda=\cos\varphi$（*power factor*） • 纯电阻：$\varphi=0°$ • 纯电感：$\varphi=90°$ • 纯电容：$\varphi=-90°$		
第三步：分析应用	8 min	**功率的实际应用** 【启发思考】电网传输过程中，我们应该考虑哪些功率呢？无功功率收费吗？ 【讨论问题】有功功率表征了元件对外界做功的能力，无功功率表征元件与外界的能量转换规模。两者缺一不可，均需要认真考虑。其实日常生活中，无功功率也是收费的，当功率因数低于 0.9 时，就需要惩罚性收费。 【无功补偿】美、加大面积停电事件后，无功功率越来越被重视，其中衍生出的无功补偿技术发展迅猛，为我们每天正常用电、不限电保驾护航。科技高速发展的今天，无功补偿技术是否够用？ 【技术前沿】随着电动汽车的发展，电动汽车的充电给电网的无功补偿技术带来挑战，这也正是制约电动汽车普及的重要原因。我国电动汽车行业经历了十多年的发展，国内电动汽车产业迅速增长，电动汽车占比即将达到 10%，在电动汽车越来越普及的未来，无功补偿急需重点突破。这需要同学们现在打好基础，努力钻研，为未来我们的电力实业奉献自己的一分力量	【思考】有功功率和无功功率分别起到了哪些作用？ 【好奇】无功功率像有功功率一样收取电费吗？ 【领悟】我们的电力发展现状和面对的挑战	无功功率是一个抽象的概念，只有和现实世界相关联的讲解才能让学生更好地掌握和体会。 我国电力行业在近年来得到了迅猛的发展，已处在全球领先位置，但仍然有很多需要攻克的难题，比如电动汽车的无功补偿技术。希望通过本阶段的学习，启发学生的进取精神和爱国精神
第四步：总结展望	5 min	【归纳小结】 • 瞬时功率； • 由瞬时功率引出的有功功率、无功功率和视在功率； • 四类功率之间的关系	【理解】新知识点，有关的拓展知识	帮助学生理清需要掌握的知识点，形成系统的知识结构

六、教学评价

教师教学过程：本课时的教学内容主要是“正弦稳态电路的功率”，分别从概念、等效互换、实际应用三方面进行讲解，并通过多样的练习题加深对不同功率的理解。

学生学习过程：在教学过程中，不同功率因素的区分和计算为本节课的难点，练习题的讲解过程可以帮助学生理解所学的理论知识，加深定义的理解。此外，实际应用举例可以帮助学生更好地理解知识点。

课后检验过程：课堂发布课后作业，包含两道计算题——基础电路和复杂电路的各功率求解。通过课后作业，回顾所学知识点，加深学生知识点的掌握，启发学生对正弦稳态电路功率的自我思考和探索。

七、教学反思

本节课所讲授的“无功功率”是电路课程第九章第四节的节选片段。课程的教学反思包括以下三点。

（一）“以人为本”的教学理念

“以人为本”的教学理念在本节课中最主要的体现是：从生活中找到理解抽象问题的突破口。

闪光点：介绍我国电力系统的全球领先地位，电动汽车给电网带来的挑战，激励学生着眼实际，关注未来。

不足：学生的反馈没有很好地体现。

改进措施：可以加入调查环节，询问学生们是否有兼职，从而引出与本课内容相关的讨论。

（二）“问题引导式”的教学方法

在强逻辑的结构框架下引导学生一步步地理解知识点，才能让学生真正地掌握、理解所学知识。

闪光点：以实际案例为出发点，引出无功功率的破坏力，引导学生思考无功功率的作用；通过两个生活案例引出无功功率的定义。

不足：在讲授无功功率补偿问题时，缺少了无功功率到线路压降的引导。

改进措施：在时间允许的范围内可以加入简单的推导过程。

（三）“动静结合”的教学过程

讲授过程中需要有严谨的“静态”过程，也需要“动态”的交互环节。

闪光点：采用一问一答的方式和学生互动，让学生产生参与感。

不足：时间应该稍微缩短一些。

改进措施：可适当删减基本元器件无功功率的求解过程，作为课后习题思考。

冒泡排序与直接插入排序

广东技术师范大学　郝刚（工科组）

作者简介：郝刚，男，二级讲师，软件工程系专业负责人，就职于广东技术师范大学计算机科学学院，主要讲授课程有“C 语言程序设计”“数据结构与算法”等核心课程。主要研究方向为计算机视觉和模式识别。主持省级教改项目 1 项，主持校级教改项目 2 项，主持横向科研项目 20 项，参与教改及科研项目 8 项，申请发明专利、实用新型专利 8 项。曾获 2019 年中国职业技术师范院校教学技能大赛（教师组）全国一等奖。多次获年终考核优秀教师、课堂教学质量优秀教师、优秀班主任、十佳党员等荣誉称号。指导学生获得“蓝桥杯”国家级一等奖 1 项、二等奖 2 项、三等奖 1 项，第十五届“挑战杯”省级一等奖 1 项、二等奖 1 项。2020 获年广东省第五届高校（本科）青年教师教学大赛工科组一等奖。

课程名称：数据结构与算法
学时：1 学时

一、学情与内容分析

（一）教学内容分析

本节课主要介绍内排序算法中的简单交换排序和直接插入排序。

计算机的主要功能是信息处理，信息处理的基础是数据排序，因此掌握基础排序算法是非常重要的专业基本功。

内排序算法种类较多，初学者比较容易混淆各种算法，对不同排序算法的思想、复杂度、特征以及适用场景难以把握，需要重点加以厘清。

排序算法较为抽象，应辅以具体实例细致讲解。

（二）学情分析

本课授课对象是学校计算机类专业一年级的学生。他们思维活跃、求知欲足、动手能力较强，喜欢信息化媒体、乐于自我探究。

1. 知识基础

在本节课授课之前，学生已学习了相关搜索算法。搜索与排序密不可分，学生容易将两个知识点割裂开来，因此本课程的一个重要教学目标就是引导学生把排序和搜索作为一个整体来考虑。

2. 认知特点

在之前的课程，学生较少接受分析训练，抽象能力较弱，面对复杂的程序会呈现无从下手的情况。根据以往经验，部分学生对分析程序有一定畏惧心理。针对这种学习特征，本节课采用问题牵引的教学模式，通过程序实例引出问题，分析问题，步步深入，引导学生水到渠成地掌握新知识。

二、教学目标分析

（一）知识与技能

（1）熟记并理解排序的概念。

（2）理解冒泡排序算法。

（3）理解直接插入排序算法。

（二）过程与方法

（1）掌握冒泡排序的编码方法。

（2）掌握直接插入排序的编码方法。

（三）情感态度与价值观

（1）体验程序设计的乐趣。

（2）形成严谨求实的科学态度。

三、教学重点与难点

（一）教学重点

时间复杂度和空间复杂度的分析方法。

（二）教学难点

1. 排序算法的机制

因为排序算法知识非常抽象，需要学生有较强的想象力，部分学生难理解到位。

对策：案例分析法、多媒体演示法。

排序算法是一个编码高频知识点，学生们常出现的问题是知易行难，讲课的时候似乎都能理解，碰到编码时却无从下手。本节课从生活案例出发，用多媒体演示排序机制，祛除学生的畏惧心理，逐步引导学生去编写程序。

2. 冒泡排序和直接插入排序的特点及应用场合

初学者不易把握冒泡排序和直接插入排序的各自特点，此外学生缺乏项目实际经验，思维较为绝对，部分学生会觉得后学的排序算法一定优于先学的排序算法，忽略了排序算法的选用要适应数据的特点这一前提。

对策：对比教学法、启发教学法。

将不同排序实例利用多媒体同时展现，使学生建立初步印象，再引导学生从复杂度分析和排序机制出发，巩固认知。针对教学难点，还将利用启发式教学，让学生不断提出疑问，发现问题，解决问题，进行思维训练，以提高能力。

四、教学策略与方法

采取启发式教学，以程序实例导入，通过课堂提问等形式，教与学互动，提高学生在课堂中的主动参与意识。

（一）教学中运用启发式教学、问题驱动式教学，时刻调动学生的积极性

教学中注意启发式教学、问题驱动式教学，开始先以生活中的简单实例让学生明白本节课要解决的问题，再从生活经验中提出排序的概念。同时，课上时时刻刻抓住学生，让学生的思维跟上教师的教学进程，不断以思考、设问等方式调动学生的积极性，提高学生对课堂的兴趣。在讲授中尽量以通俗的方式让学生把要接受的知识点与生活中熟悉的内容进行联系和对比，以加深理解。

（二）以“算法来源于生活，又服务于生活”为主线，不是“为了讲算法而讲算法”

让学生理解，为了解决生活中的实际问题而引入的排序概念不是那么抽象也不是那么神秘，算法原理来源于生活经验，又服务于生活以解决实际问题。培养学生从生活中发现问题、解决问题的能力，为以后的应用技术课程打下良好的基础，为将来工作中解决实际问题打下基础。

（三）充分利用现代化辅助教学手段

单纯地运用粉笔、黑板和PPT讲稿演示教学，难以收到较佳的教学效果。随着教学改革的深入，在教学过程中教师采用现代化辅助教学手段进行教学，使多种教学媒体相互补充，以声音、图片、动画、视频等刺激学生的视觉和听觉，达到让学生“看得到，做得到”的教学效果。

例如：将排序算法制作成Flash文件，学生可以输入参数，用鼠标控制步骤，以动画等直观方式生动地展示数据在内存中的变化轨迹，使抽象的事物变得十分具体，有助于学生更容易、更清晰、更深刻地理解抽象的算法思想。教学实践证明，多种教学

手段的有效结合可达到意想不到的教学效果，并且学生也十分愿意接受这样的教学方式。

五、教学资源

（1）教学地点：多媒体教室。

（2）教学媒体选择（教具准备）：机房、VC IDE 环境、WPS 演示程序。

（3）学习方法（学具准备）：上机实践、教材、雨课堂平台、VC IDE、教学课件、微课视频等网络资源。

六、教学设计思路

本节课教学设计思路如图 1 所示。

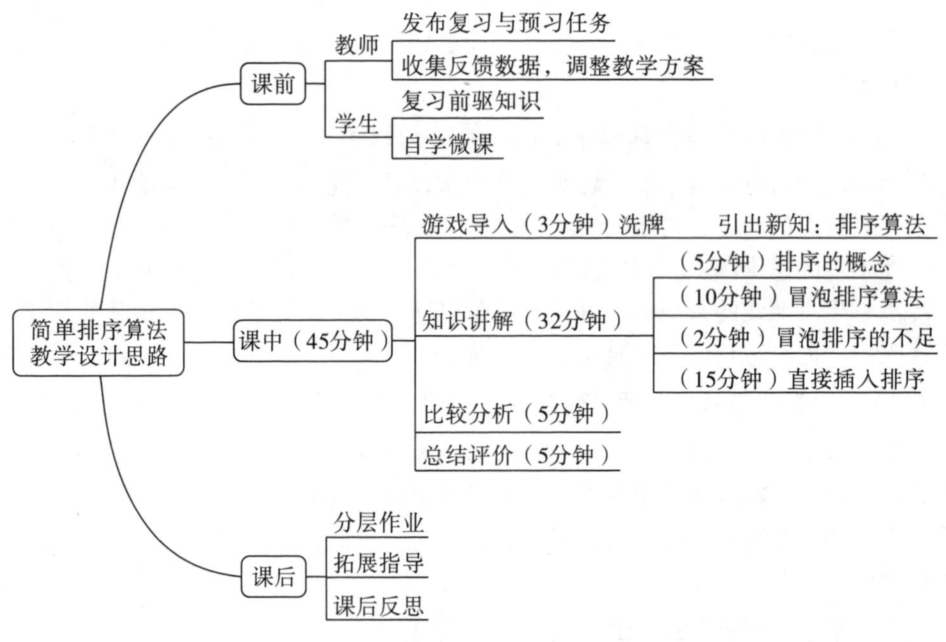

图 1　教学设计思路图

七、教学过程设计与实施

本节课教学过程设计与实施如表 1 所示。

表1　教学过程设计与实施

教学步骤	教学内容	教学形式与手段	设计意图
课前准备	利用雨课堂布置复习与预习任务，为学习做好准备 	【在线微课】 【在线测试】 学生观看微课，完成相关练习 教师在线收集分析学生自主学习数据，与学生互动讨论	引导学生巩固基础，对本节课新知有所了解。通过数据分析，有针对性地进行教学设计
游戏导入（3分钟）	【情景导入】舞动的排序算法。（基本问题引入） 排序算法是信息处理的基础技术 	视频播放	引导学生对新知识点产生兴趣
知识讲解（32分钟） 知识点1：排序的概念（5分钟）	【游戏引入】洗牌小游戏。 根据不同的规则快速洗牌 	【PPT演示】 【游戏】 【互动】 摆上手中的扑克牌进行排序	通过游戏体验排序的思路
	【讲解】排序相关概念。 （1）排序，是整理表中的记录，使之按关键字递增（或递减）有序排列。 （2）内排序与外排序：取决于数据所在位置。 （3）内排序分类： 内排序 基于比较的排序算法：插入排序、交换排序、选择排序、归并排序 不基于比较的排序算法：基数排序	【板书】 【PPT演示】 通过板书进行重点知识的顺序递进讲解	通过概念的有序递进，让学生掌握知识点体系

续上表

教学步骤		教学内容	教学形式与手段	设计意图
知识讲解（32分钟）	知识点1：排序的概念（5分钟）	n个记录采用基于比较的排序方法： 最好的平均时间复杂度为O（$n\log_2 n$）。 最好情况是排序序列正序，此时的时间复杂度为O（n）。 （4）排序算法的稳定性。 当待排序记录的关键字均不相同时，排序的结果是唯一的。 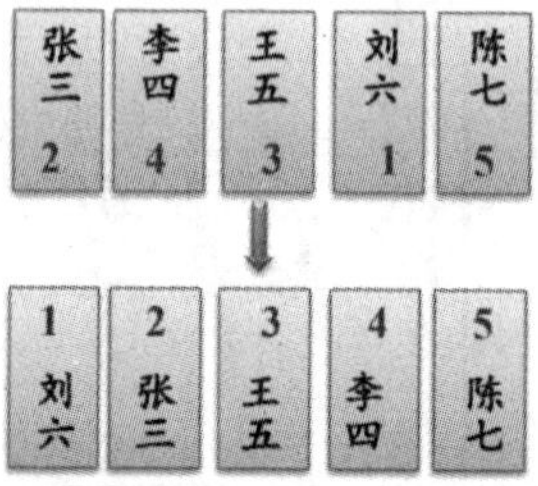 （5）正序与反序		
	知识点2：冒泡排序算法（10分钟）	【讲解】交换排序：一种本能的排序思路。 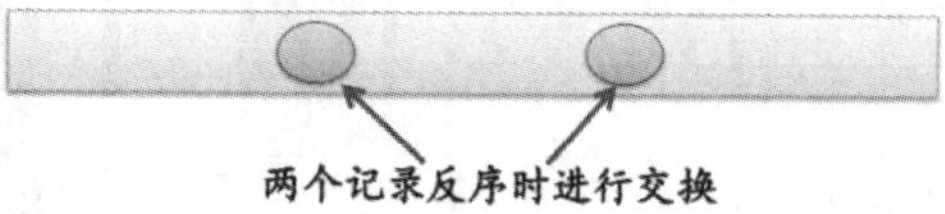 两个记录反序时进行交换 简单交换排序：冒泡排序（起泡排序）——所有人必须掌握的入门算法。 复杂交换排序：快速排序，史上十大算法之一	【PPT演示】 【讲解】	让学生理解交换排序思路，并引出下面的冒泡排序算法
		【演示】 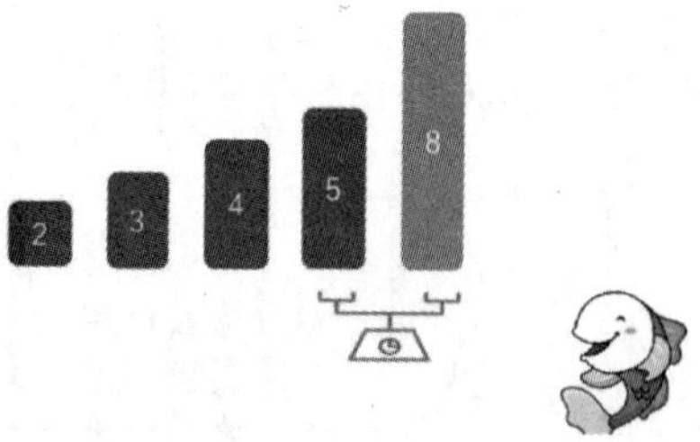	【动画演示】 【操作探究】	让学生通过探究，感知冒泡算法的基本思路，进而掌握冒泡排序编码

续上表

<table>
<tr><th colspan="2">教学步骤</th><th>教学内容</th><th>教学形式与手段</th><th>设计意图</th></tr>
<tr><td rowspan="3">知识讲解(32分钟)</td><td rowspan="2">思考分析：冒泡排序的不足(2分钟)</td><td>【分析】冒泡排序思路。
(1) 对存放原始数据的数组，按从前往后的方向进行多次扫描，每次扫描称为一趟。
(2) 当发现相邻两个数据的次序与排序要求的大小次序不符合时，即将这两个数据进行互换。这样，较小的数据就会逐个向前移动，好像气泡向上浮起一样。
(3) 多次循环直到不再产生交换为止。
编码实现：
void BubbleSort(RecType R[],int n)
{ int i,j; RecType temp;
  for (i=0;i<n-1;i++) {
    for (j=n-1;j>i;j--)
      if (R[j].key<R[j-1].key) {
        temp=R[j];
        R[j]=R[j-1];
        R[j-1]=temp;
        }
    }
}
改进冒泡排序算法：当交换不再发生则中止算法</td><td></td><td></td></tr>
<tr><td>【提问】
(1) 冒泡排序的稳定性如何？
(2) 时间复杂度如何？
(3) 不足：当序列数据基本有序的时候，冒泡排序效率很低</td><td>【提问】
【互动】</td><td>提高学生的学习兴趣，培养分析问题的能力</td></tr>
<tr><td>知识点3：直接插入排序(15分钟)</td><td>【案例分析】斗地主。
当手里只有一张牌时，这张牌肯定是有序的；再摸起另一张牌时，往往会与最后一张牌比大小，大于或等于的话就把这张牌放到最后，小于的话就与前面的一张牌比较，直到找到比这张牌更小的，插到这张牌的后面。以此类推，随着起牌的结束，手里的牌肯定就是有序的了。
【讲解】插入排序。 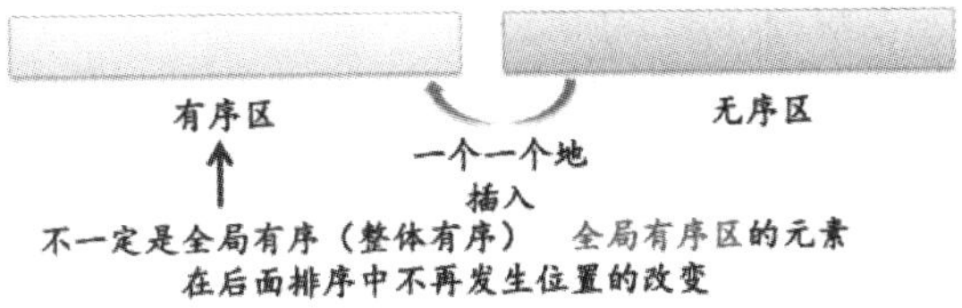
有序区 无序区
一个一个地插入
不一定是全局有序（整体有序） 全局有序区的元素在后面排序中不再发生位置的改变</td><td>【PPT 演示】
通过生活实例感知问题，找出知识点特点</td><td>案例导入式教学可以让学生更深刻地体会、掌握知识。生活中的例子可以提高学生的学习热情</td></tr>
</table>

续上表

<table>
<tr><th>教学步骤</th><th></th><th>教学内容</th><th>教学形式与手段</th><th>设计意图</th></tr>
<tr><td rowspan="2">知识讲解（32分钟）</td><td rowspan="2">知识点3：直接插入排序（15分钟）</td><td>插入排序分类：
（1）直接插入排序；
（2）折半插入排序；
（3）希尔排序</td><td></td><td></td></tr>
<tr><td>【演示】直接插入排序。
【讲解】直接插入排序算法。 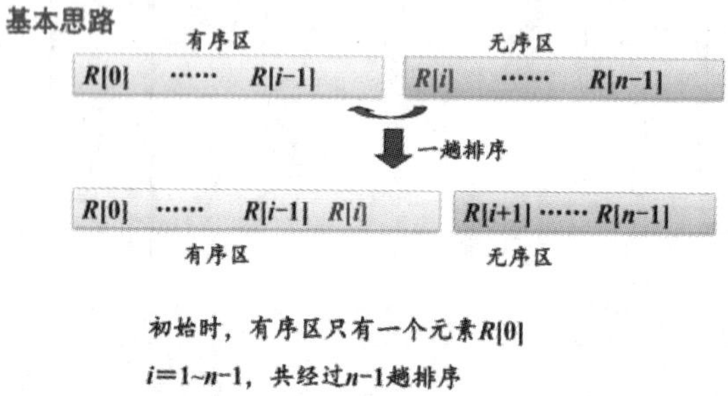
基本思路
有序区 R[0] …… R[i−1]　无序区 R[i] …… R[n−1]
一趟排序
R[0] …… R[i−1] R[i]　R[i+1] …… R[n−1]
有序区　无序区
初始时，有序区只有一个元素R[0]
i=1~n−1，共经过n−1趟排序
一趟直接插入排序：在有序区中插入R[i]的过程。 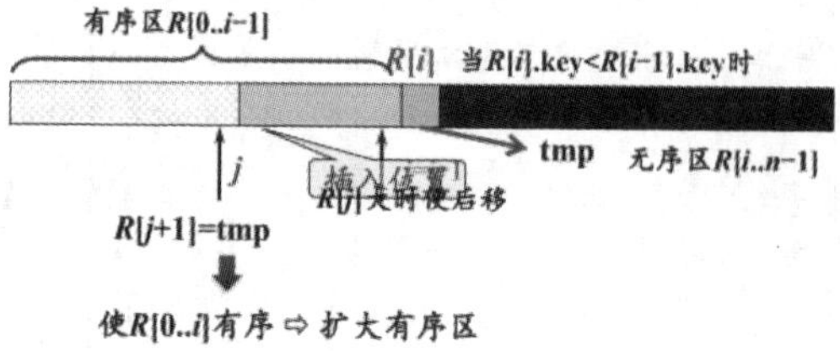
有序区R[0..i−1]　R[i]　当R[i].key<R[i−1].key时
j　插入位置　tmp　无序区R[i..n−1]
R[j]大时使后移
R[j+1]=tmp
使R[0..i]有序 ⇨ 扩大有序区

【演示】直接插入排序实现
void InsertSort(int a[], int n) {
    int temp, j;
    for (int i = 1; i <= n-1; i++) {//从第2个元素开始，直到最后一个元素
        if (a[i] < a[i - 1]) {
        //若第i个元素小于i-1元素，移动有序表后插入
            temp = a[i]; //存储待插入元素
            j = i;
            while (temp < a[j - 1] && j>0) {
            //查找在有序表的插入位置，这里要设置j>0是防止j越界了
                a[j] = a[j - 1]; //元素后移
                j--;
            }
            a[j] = temp; //插入到正确位置
        }
    }
}
算法的时间复杂度：O(n²) </td><td>【动画演示】
【操作探究】</td><td>让学生通过探究，感知直接插入算法的基本思路，进而掌握直接插入排序编码</td></tr>
</table>

续上表

教学步骤	教学内容	教学形式与手段	设计意图
比较分析（5分钟）	（1）时间复杂度比较。 （2）实验测试 **冒泡排序 VS 直接插入排序** 测试环境：Win10＋i5-8265U 软件：Visual Studio 2019 测试数据：随机产生的整形数组，元素个数10万 测试方法：尽量保证运行环境相同，分别运行100次，取其平均结果 最终结果(ms)： 冒泡排序：19446； 直接插入排序：1589	【PPT演示】 【操作演示】	巩固新知
总结评价（5分钟）	【总结思考】 n较小的情况下，当序列中的记录基本有序时，直接插入排序是最佳的排序方法。如果记录的数据较多，则应采用移动次数较少的简单选择排序法	【互动】 【PPT演示】 【板书】 课程总结	师生共同总结排序算法的适用场合和注意事项
课后拓展	（1）改进冒泡排序算法：当交换不再发生，则中止算法。 （2）练习	分层作业 个别指导	能力培养，加强课后拓展内容，加强实践练习

八、教学反思

本课的教学内容是“冒泡排序与直接插入排序”，面向我校理工科一年级新生，由于概念抽象、计算公式烦琐，学生较难理解与掌握。

实际上，工科类知识体系结构向来抽象烦琐，该如何让学生有效掌握呢？戴尔的“经验之塔”理论与构建主义思想对我的影响很大。曾为学生，我深刻感受到，学习之路应当从底层的直接经验开始，向着顶层的抽象经验攀登。而教学活动也应当从直接概念入手，逐步进入抽象概念。因此，营造沉浸式学习环境，引导学生构建脚手架，让学生乐学活学，是我一直追求的教学理念。

本课程从冒泡排序算法的概念出发，层层递进，逐步引出直接插入排序算法的概念及其执行流程，将问题自然、流畅地引入主题；接着通过一段逻辑推理，循序渐进地将优化排序算法的技巧展现出来，而不是将其结论强加给学生；然后通过精心挑选的问题现场测评学生的理解程度；最后提出思考问题，意在训练拓展学生的独立思考能力。

实践结果表明，本课程教学设计合理，符合学生的学习心理，在知识内涵的深度与广度上还有待扩展，可通过课后作业等形式补充。教学过程充分采用信息化教学手段，重难点突出，注重与学生的沟通互动，不断激发学生的学习积极性，引导学生爱上课堂，主动与教师一起享受课堂学习氛围。

此外，我还认为，除了精细的教学设计、熟练的教学手段，还需要教师的情感投入。没有教师对教学无尽的爱，以及对学生的尊重与理解，再好的教学也是不完美的。

教学是个“无底洞”，需要教师无尽的付出，以及科研的支撑。任重而道远，吾将上下而求索。

医科组

阿尔茨海默病

南方医科大学　陈金玉（医科组）

作者简介：陈金玉，女，南方医科大学南方医院神经内科主治医师，南方医院第一临床医学院神经病学讲师，医学博士，中共党员。2014 年毕业于南方医科大学临床医学八年制专业，毕业后致力于神经系统免疫及感染性疾病的临床、科研和医学教育工作。2014 年获南方医科大学首届临床教师教学能力（临床技能）竞赛一等奖；2019 年获南方医科大学第九届中青年教师教学竞赛临床组二等奖、南方医院青年医师临床实践技能大赛一等奖；2020 年获广东省第五届高校（本科）青年教师教学大赛医科组一等奖、第五届全国高校青年教师教学竞赛二等奖。

课程名称：神经病学
学时：1 学时

一、学情与内容分析

（一）教学对象

本课程的授课对象为临床医学专业本科四年级学生，他们对医学基础知识，如解剖、生化、生理、病理等有了较好的积累。本阶段已完成诊断学、内科学、外科学等临床课程的学习，对于疾病的诊疗已形成初步的思维。作为即将踏入实习阶段的医学生，他们对临床各类疾病表现出浓厚的学习兴趣和热情。但由于尚未真正进入临床实践，对于疾病的症状、体征等实践知识储备不够，且缺乏感性认识，对知识点多习惯于死记硬背。神经病学由于神经系统解剖及生理功能的复杂性，往往被医学生们视为最难学的一门课程。因此，有必要针对这一阶段的教学对象，采用不同的教学方法，以调动学生学习的主动性和积极性，营造浓厚的学习氛围，帮助学生尽快养成良好的学习习惯，增加对本课程的兴趣和重视。

（二）学科特点

神经病学是临床医学专业的必修临床课程，是一门理论性和实践性很强的学科。作为神经科学中的一门临床分支，神经病学与神经解剖学、神经生理学、神经病理学、神经生物化学、神经免疫学、神经影像学、神经遗传学和神经分子生物学等基础学科相互渗透，彼此促进。同时，神经病学也与其他临床学科密切相关，神经系统的功能紊乱可以导致人体其他系统出现功能障碍，如丘脑出血可引起消化道溃疡；而其他系统的疾病也同样可以导致神经系统功能障碍，如高血压可以导致脑梗死。

在教学指导思想上，首先强调基础知识和解剖相结合。如神经系统解剖和定位诊断学，在课程的安排上重点突出。其次是突出常见病、多发病，如脑血管病、神经系统退行性疾病、变性病、颅内感染等。

在课程内容选择上，首先突出基础性和前沿性知识相结合。课程内容并不局限于简单的解剖、病因、表现及治疗等，还应与临床实践结合，以期增强针对性、实用性。其次是有关神经病学的进展，如流行病学、病因机制、辅助检查、治疗最新观念等应贯彻在整个教学过程中。

因此，针对学科特点，课程设计的主线始终是围绕着如何将教学简单化、形象化，以帮助医学生从错综复杂的神经网络中整理出清晰的主线来化解知识难点，提高课堂教学的信息容量。坚持理论与实际相结合的原则，适时穿插学科新进展，以培养良好的临床思维方法，培养独立思考和独立工作的能力。结合现代信息化技术和手段，采用启发式、讨论式等多种教学形式，重点突出、层次分明，难点讲透。

（三）教学定位

以岗位胜任力培养为核心，以培养“科学脑，人文心”，做有温度的未来医生为目标。

1. 扎实的基础理论知识和基本临床技能

本科阶段主要是夯实医学生扎实的医学基础知识和培养良好的临床思维能力，掌握神经病学基本知识与操作技能，为住院医师规范化培训顺畅对接打下良好基础。

2. 掌握沟通技巧和人文医学执业技能

将培养医学生人文医学执业技能作为重要培养目标，将课程教育理论知识转化为学生的人文素养。卓越医生不仅是医疗技术上的高水平、高质量，更应是人文关怀的践行者。

3. 注重岗位核心竞争力培养

临床医学专业本科生培养应转变教育理念，实现纯粹技能培养向广阔视野下多元化岗位胜任力培养的转变。岗位胜任力不再狭隘地专注于医学科学和医学人文相关知识和能力培养（“硬能力”），还包括正确的价值观、社会责任感、伦理行为、批判性思维能力、科研创新能力、领导能力、团队协作能力、解决问题能力等（“软能力”）。

二、教学目标分析

（一）知识目标

1. 掌握

（1）痴呆的概念和解剖。

（2）阿尔茨海默病的临床表现。

2. 熟悉

（1）痴呆的鉴别诊断。

（2）阿尔茨海默病的病理特征。

3. 了解

（1）阿尔茨海默病的诊断。

（2）阿尔茨海默病的治疗。

（3）阿尔茨海默病的预后。

（二）能力目标

1. 独立完成运动系统查体

通过复习、回忆，引导学生重温神经系统查体当中的高级智能查体，重点介绍高级智能查体包括的内容，要求学生掌握高级智能查体的方法以及注意事项。

2. 学会识别病理性体征及症状

通过多媒体（图片、视频）展示代表性的体征以及症状，学习识别异常体征，使学生在今后面对患者时，能迅速、准确地采集信息进行辨证。

3. 培养学生自主学习的能力

通过课堂引导、案例分析、情景模拟、体验式教学、启发式教学、课后自主学习等多种方式调动学生学习的积极性，鼓励学生课后自行查阅资料，完成作业和预习。

（三）情感目标

1. 培养学生的沟通交流能力

通过分组讨论、学习，培养学生的团队合作精神和沟通交流能力，帮助学生学会建立良好的医患关系。

2. 培养学习兴趣，培塑专业思想

通过课前短视频以及图片等展示，让学生迅速融入课堂氛围，并提出疑问，从而引导学生产生兴趣，形成课后延伸学习的动力。

3. 培养人文医学执业技能

《福冈宣言》指出“所有医生必须学会交流和处理人际关系的技能。缺少共鸣（同情）应该看作与技术不够一样，是无能力的表现”。在教学的过程，有意识地引导学生体会共情，通过体验式教学法，将课程教育理论知识转化为学生的人文素养。将重建良好互信的医患关系，作为医生的重要社会责任和崇高使命进行有目的的培养，切实提高医学生人文医学执业技能培养质量。

三、教学重点与难点

（一）教学重点及实施对策

本节课教学重点：阿尔茨海默病的临床特点。

解决方案：

（1）时间保障：着重分配时间，使用课堂3分钟讲授痴呆的概念及特点，4分钟讲授阿尔茨海默病的临床表现。

（2）方法保障：采用任务驱动式、启发式、提问式、讨论式、体验式、情景设计、案例分析等多种方法相结合，激发学生学习的兴趣，识别正常体征和阿尔茨海默病临床常见的症状及体征。

（3）手段保障：运用典型患者的案例、视频和图片，形象化讲授，突出和强调重点。

（4）板书设计：

阿尔茨海默病（Alzheimer's Disease）
——核心症状：痴呆（后天获得、持续进展）
——临床症状包括：全面认知功能减退+精神行为异常

（二）教学难点及实施对策

本节课教学难点：阿尔茨海默病的病理。

原因分析：阿尔茨海默病的发病机制，目前有较多的假说，核心的病理改变是老年斑以及神经原纤维缠结，但具体的形成机制目前尚未有定论，学生理解起来也较为困难，但只有在理解病理生理的基础上，学生才能对患者的临床症状、体征以及后续的治疗方案的制定，有一个更深刻的理解以及掌握。

解决策略：

（1）任务驱动教学：课前1周，教师将课程相关的资料、视频、图片等，通过班级微信群发送给学生，要求学生进行自主学习。

（2）多媒体直观展示：以图片、视频、文书的方式，将两大病理特征反复讲解，以达到化繁为简、化抽象为具体的要求。

（3）启发式教学法：以提问的方式，在课堂教学过程中，穿插回顾知识点，真正做到融会贯通。

四、教学策略与方法

（一）教学策略

充分发挥学生的主体地位与教师的引导作用。课堂教学是教师和学生共同思维的过程，学生是主体，教师是主导。本节课在教学过程中充分发挥学生的主体地位，从学生的角度逐渐深入讲解，运用“自学、讨论、实践、启发、归纳”五步走的教学策略。

（1）自学，即教师将本章节重点内容形成问题，让学生带着问题课前预习，完成作业。

（2）讨论，即学生对视频、图片、案例、难点内容进行课堂互动讨论，各抒己见。

（3）实践，即体验式教学、情景模拟。

（4）启发，即教师在授课过程中层层设问，引导学生带着问题一步步进行课程学习。

（5）归纳，即教师删繁就简，归纳本节课内容，方便学生复习掌握。

（二）教学方法

1．任务驱动教学法

在课前（按要求分组，小组合作完成）、课中（教师抽查评价，总结归纳）、课后分别布置任务，激发和保持学生学习的积极性，锻炼学生的合作精神和沟通能力，在完成任务的过程中培养学生的临床诊病能力。

2．体验式教学法

体验式教学法注重让学生动手操作、直观感受、模拟真实活动，获取感性资料，并以此作为思维活动的基础，使学习成为“体验—认识—再体验—再认识”循序渐进的过程。

3．情景教学法

（1）课堂上展示典型案例视频，让学生自己去辨析病理体征。

（2）课堂上通过动画演示阿尔茨海默病的发病机制、过程，并分析其机理。

4．案例教学法

（1）PPT 展示：通过图片和重要的临床资料，详细探讨其临床意义。

（2）对比学习法：通过案例教学选择患者与正常人的临床症状及体征进行对比，以便更深层次地理解阿尔茨海默病的病变部位、机制、临床表现以及治疗方案。

5．启发式教学法

（1）病例视频引入后，层层设问，如“视频中患者的临床表现以及体征是什么”，启发学生思考。

（2）案例教学中，提问“治疗前、中、后患者的临床症状有何变化？对疾病的诊断、治疗有何帮助以及想法”，启发学生思考问题，解决问题。

6. 归纳式教学法

课程进行过程中，每完成一部分内容，就进行概括、总结，并能提炼出简短的语句，以方便学生记忆。

7. 自主学习法

（1）课前布置实践操作作业：加强学生自主学习能力，主动学习和认识阿尔茨海默病，加深对疾病的认识，还可以作为平时成绩的依据。

（2）课前阅读：教材以及相关指南等最新进展。

（3）PPT 制作：以小组为单位，对课程的某些内容进行制作，下节课花 5 分钟进行上台演讲。

（4）课后思考题：引导学生积极向课外知识延伸，提供相关学习资料与网站，激发学生自主思考，帮助其课后自主学习。

五、教学过程设计与实施

扫一扫
获取教学课件

本节课教学过程设计与实施如表 1 所示。

表 1　教学过程设计与实施

教学内容	时间分配和媒体选择（共 40 min）
阿尔茨海默病（Alzheimer's Disease，AD） 观看公益视频《父亲与儿子》，引入“记忆的小偷”的概念【引入】	人文与医学相结合，达到情感共鸣，引发学生兴趣
课程目标 1. 熟悉阿尔茨海默病的病理特征及痴呆的鉴别诊断；【难点】 2. 掌握痴呆的概念及阿尔茨海默病的临床表现；【重点】 3. 了解阿尔茨海默病的诊断、治疗及预后	1 min 【提纲挈领】 明确学习目标及重点、难点
一、痴呆 （一）痴呆的概念【重点】 痴呆是一组以获得性、持续性的认知功能障碍为核心症状的临床综合征。 特点： 1. 后天获得性； 2. 持续进展；	3 min 【启发式教学法】 【板书】

续上表

<table>
<tr><th>教学内容</th><th>时间分配
和媒体选择
(共 40 min)</th></tr>
<tr><td>3. 受损害的是意识内容而非意识水平（排除嗜睡、谵妄、昏睡、昏迷、木僵等）；
4. 除认知功能障碍外，还包括其他高级脑功能障碍，如人格障碍、精神行为异常等；
5. 病因多样。
（二）大脑解剖分区及功能
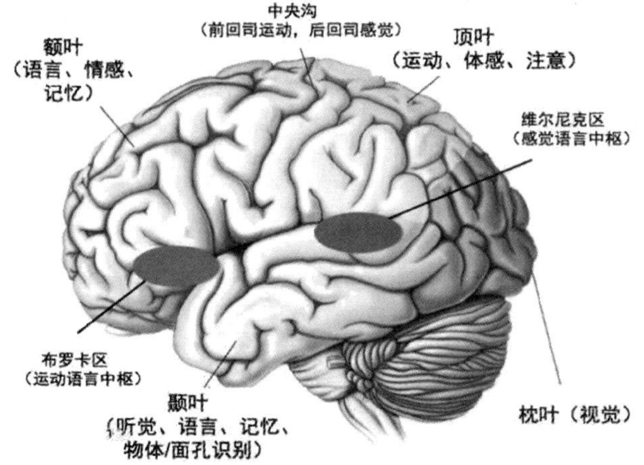

✓额叶：精神、语言和随意运动中枢；
✓颞叶：记忆中枢；
✓海马：记忆中枢</td><td>温故：复习与高级智能相关的解剖结构。
知新：从解剖结构与临床症状相结合，在不断地提问与解答中，启发、引导学生温故并知新</td></tr>
<tr><td>二、阿尔茨海默病概述
（一）概念
1. 阿尔茨海默病（Alzheimer's Disease，AD），亦称老年性痴呆（Senile Dementia）。
2. 发生于老年和老年前期，以进行性认知功能障碍和行为损害为特征的中枢神经系统退行性病变。
3. 临床表现为缓慢进展的认知功能全面衰退，伴有精神异常和人格障碍。
（二）流行病学
1. 2015 年新增各类痴呆患者 990 万人次，约每 3 秒新发 1 例。
2. 2015 年全世界有 4 680 万人患有痴呆，这个数字几乎每 20 年翻一番。
3. 中国老年期（≥60 岁）痴呆总患病率高达 5.15%，且随年龄的增加而显著增加。
4. 经济负担重：2016 年，美国 AD 或其他痴呆症患者的照料者估计提供了 182 亿小时的无偿帮助，估值为 2 301 亿美元。</td><td>7 min
配合图片讲解举例，如撒切尔夫人、里根等名人作为 AD 患者的典例，吸引学生的注意力，激发探究的兴趣。
知识拓展：了解 AD 的发病率以及所面临的挑战。</td></tr>
</table>

续上表

<table>
<tr><th>教学内容</th><th>时间分配
和媒体选择
（共 40 min）</th></tr>
<tr><td>（三）病因及发病机制
1. 病因不明，多种假说。
（1）首先是遗传因素。
AD 通常为散发，约 5% AD 患者有明确家族史；
FAD（familial Alzheimer disease）为常染色体显性遗传。
（2）其次是环境因素。
文化程度低、膳食因素、女性雌激素水平降低、高血糖、高胆固醇、高同型半胱氨酸、血管因素等均有可能导致 AD 的发生。
2. 致病机制复杂，多种假说。
经过几十年的研究，发现 AD 的发病机制与 Aβ 淀粉样蛋白沉积、tau 蛋白神经纤维缠结、神经炎性机制学说、神经血管受损学说、氧化应激等密切。
（四）病理改变【难点】
1. 组织病理学——肉眼观察。
AD 的大体病理表现为脑的体积缩小和重量减轻，脑沟加深、变宽，脑回萎缩，额叶、颞叶（特别是海马区）明显。
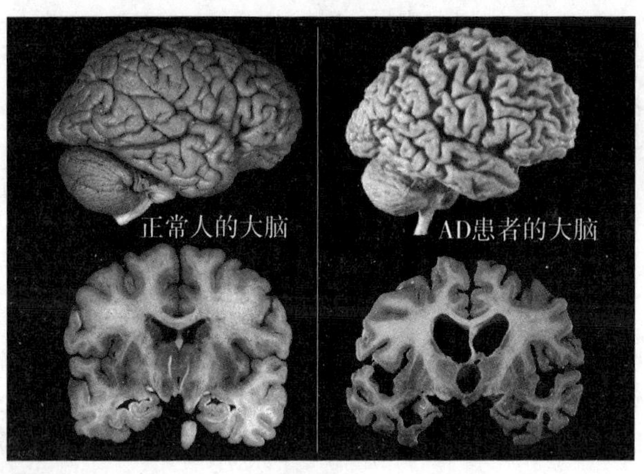

2. 组织病理学——显微观察（银染）。
（1）神经炎性斑（neurite plaques，NP）：β 淀粉样物质在神经细胞外沉积形成。
（2）神经原纤维缠结（neurofibrillary tangles，NFTs）：过度磷酸化的 tau 蛋白在神经细胞内聚集形成。</td><td>知识拓展：了解 AD 的病因及机制。

强调：强调环境因素的重要性，以及两大机制：Aβ 淀粉样蛋白沉积、tau 蛋白神经纤维缠结。

抽丝剥茧：在两大致病机制基础上，引出病理改变的两大特征，形成有内部逻辑关联的知识框架。</td></tr>
</table>

续上表

<table>
<tr><th>教学内容</th><th>时间分配
和媒体选择
(共40 min)</th></tr>
<tr><td>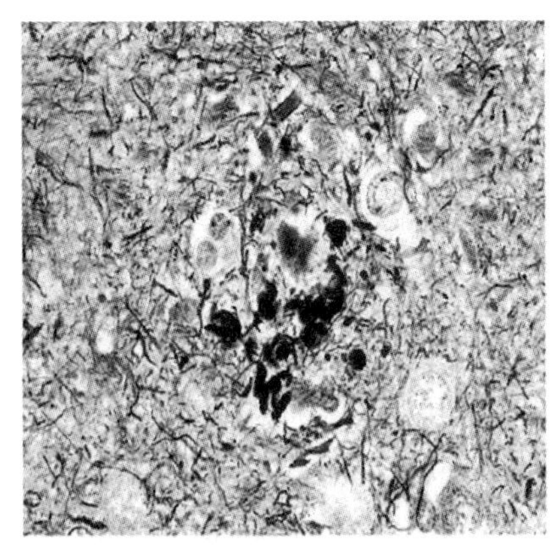
NP
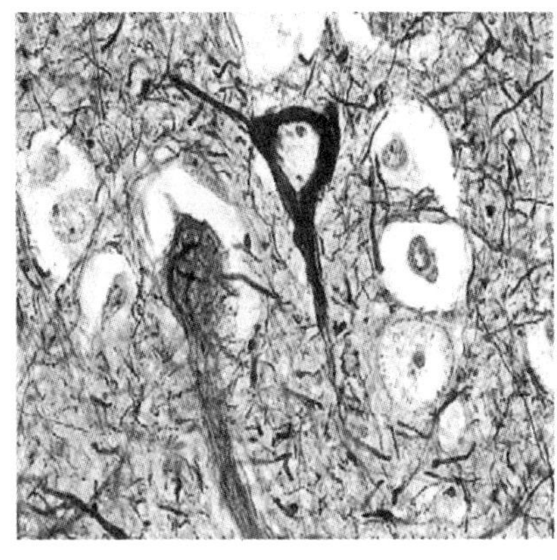
NFTs
(3) 视频演示两大病理特征的形成过程
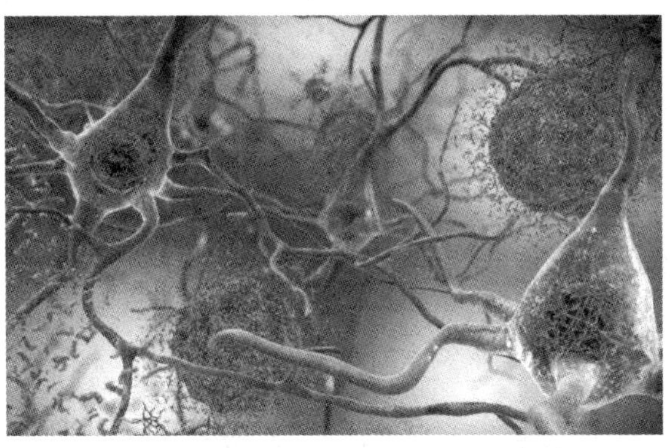</td><td>【视频讲解】
知识拓展</td></tr>
<tr><td>三、阿尔茨海默病的临床表现【重点】
AD通常起病隐匿，持续发展，主要表现为认知功能减退和非认知性神经精神症状。按照最新分期，AD包括两个阶段：痴呆前阶段以及痴呆阶段。
(一) 核心临床症状 (ABC)
日常生活能力下降 (abnormal daily life)；行为异常 (behavior)；认知障碍 (cognition)。</td><td>10 min
归纳式教学法
将临床症状精练为ABC，易于记忆。</td></tr>
</table>

续上表

教学内容	时间分配和媒体选择（共 40 min）

（二）临床分期

痴呆前阶段

痴呆阶段

Pre-MCI

• 没有任何认知障碍的临床表现

• 或仅有极轻微的记忆力减退

MCI

• 记忆力轻度受损，学习和保持新知识能力下降

• 但不影响基本日常生活能力

轻度 AD

• 近事记忆减退

• 远期记忆减退

• 部分出现视空间障碍

• 情绪障碍

中度 AD

• 记忆障碍继续加重

• 原已掌握的知识和技巧出现明显的衰退

• 明显视空间障碍

• 较明显的行为和精神异常

重度 AD

• 记忆、精神行为异常进一步加重

• 言语能力、日常生活能力丧失

• 各种并发症

认知功能

年

痴呆进展

（三）阿尔茨海默病与正常衰老的鉴别

项目	AD	正常衰老
发展速度	快速	缓慢
记忆障碍	完全遗忘	偶尔忘记
自我保护	逐渐丧失	良好
社交沟通	下降	良好
个性	改变	不变
执行指令	差	良好
时间空间	经常混淆	偶尔忘记

（四）阿尔茨海默病的早期识别

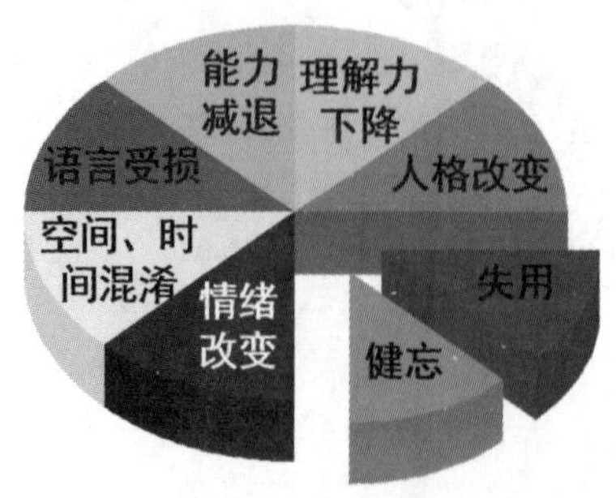

【案例教学法】

【归纳式教学法】

通过结合临床资料以及国内外名人事迹，采用典型病例为核心的教学法，灵活应用多媒体教学，将艰涩难懂的症状体征形象化、直观化。引导学生整理思路，将临床分期及相应的症状体征进行归纳，整理出清晰主线。

结合生活实际与临床案例讲解，培养学生的鉴别思维，同时指导学生针对痴呆患者加强家庭关爱等人文关怀。

回顾：AD 的八个信号，以在更早的阶段识别，并指导学生在早期阶段进行必要的人文关怀

续上表

<table>
<tr><th>教学内容</th><th>时间分配
和媒体选择
（共 40 min）</th></tr>
<tr><td>

四、阿尔茨海默病的诊断

（一）辅助检查

1. 临床症状鉴别：问诊查体。

2. 实验室检查：血生化、尿液等检查可能均正常，无特异性表现；CSF 检查可发现 Aβ42 水平降低，总 tau 蛋白和磷酸化 tau 蛋白增高。

3. 脑电图检查：早期脑电图改变主要是波幅降低和 α 节律减慢，晚期则表现为弥漫性慢波。

4. 影像学检查（颅脑 MRI、SPETCT/PET－CT）：MRI 示双侧颞叶、海马萎缩；SPETCT/PET－CT 双侧颞叶的海马区血流和代谢降低。

5. 神经心理学检查：常用量表有 MMSE、MoCA。

6. 基因检查：有明确家族史的患者可进行 APP、PS1、PS2 和 APOε34 基因检测。

7. 课堂小测试：迷你认知评估 Mini－Cog（AD 的筛查）。

✓给三个单词供记忆（如“皮球、树木、国旗”）；

✓画钟试验（CDT）：画一个 10 点 10 分的钟；

✓复述三个单词。

如果受测试对象3个词均能回忆：很可能不痴呆
如果受测试对象3个词均不能回忆：很可能痴呆
如果处于两者之间，根据CDT结果：
CDT完全正确：很可能不痴呆
CDT不完全正确：很可能痴呆

CDT评分（4-5分正常）：
钟的轮廓1分
所有的数字依次排列1分
所有数字的位置正确1分
钟面上有两个指针臂1分
时间正确1分

评分标准

（二）诊断标准

应用最广泛的诊断标准是由美国国立神经病语言障碍卒中研究所和阿尔茨海默病及相关疾病学会（NINCDS－ADRDA）于 1984 年制定的，2011 年美国国立老化研究所和阿尔茨海默病协会对此标准进行了修订，制定了 AD 不同阶段的诊断标准（NIA－AA），并推荐 AD 痴呆阶段的 MCI 期的诊断标准用于临床。

</td><td>

6 min

【启发式教学法】

【案例教学法】

从案例出发，结合典型患者的异常结果，回顾已讲知识，精炼诊断思路

【体验式教学法】

学生互相进行测评，动手操作、直观感受，“体验—认识—再体验—再认识”循序渐进的过程。

让学生分别从医生角度、患者立场去体验，讲述自己的感受，加强其对患者的同情心，加强思政教育。

知识拓展：了解 AD 诊断标准的变迁以及目前诊断标准所涵盖的内容

</td></tr>
</table>

续上表

教学内容	时间分配 和媒体选择 （共 40 min）
(1) 核心临床标准：①符合痴呆诊断标准；②起病隐袭，症状在数月至数年中逐渐出现；③有明确的认知损害病史；④表现为遗忘综合征或非遗忘综合征 (2) 排除标准：①伴有认知障碍发生或恶化相关的卒中史，或存在多发或广泛脑梗死，或存在严重的白质病变；②有路易体痴呆的核心症状；③有额颞叶痴呆的显著特征；④有原发性进行性失语的显著性特征；⑤有其他引起进行性认知功能损害的神经系统疾病，或非神经系统疾病，或药物过量或滥用证据 (3) 支持标准：①在以知情人提供和正规神经心理测验得到的信息为基础的评估中，发现进行性认知下降的证据；②找到致病基因（APP、PS1或PS2）突变的证据 2011 年 NIA－AA 诊断标准	
五、阿尔茨海默病的治疗	6 min 【图片板书讲解】 【启发式教学】 设疑：鼓励学生思考及解决问题。教师通过板书与图片结合的方式解答，将知识点回顾、串联并延伸。 结合图片、板书讲解。 结合临床实践病例，逐一分类介绍治疗方案

（一）治疗误区

项目	临床前期	轻度 AD	中度 AD	重度 AD
临床诊疗目标	早期诊断	及早干预 延缓进展	规范治疗 改善认知	强化治疗 改善生活质量
常见误区	认知不足 知晓率低 误诊漏诊	消极对待 不规范治疗	盲目换药 剂量不足 依从性不足	放弃治疗 消极对待

（二）治疗方案

无特效治疗手段，综合治疗和护理有可能减轻病情和延缓发展。

1. 生活护理：包括使用某些特定的器械等，有效的护理能延长患者的生命及改善患者的生活质量，并能防止摔伤、外出不归等意外的发生。

2. 非药物治疗：包括职业训练、音乐治疗等。

3. 药物治疗：a. 改善认知功能：乙酰胆碱酯酶抑制剂（多奈哌齐）、NMDA受体拮抗剂（美金刚）、脑代谢赋活剂（奥拉西坦）。b. 控制精神症状：奥氮平、喹硫平。

4. 支持治疗：重度患者自身生活能力严重减退，常导致营养不良、肺部感染、泌尿系感染、褥疮等并发症，应加强支持治疗和对症治疗

续上表

教学内容	时间分配和媒体选择（共 40 min）
治疗方案 改善认知功能： • 乙酰胆碱酯酶(AChE)抑制剂：多奈哌齐 • NMDA受体拮抗剂：美金刚 • 脑代谢赋活剂：奥拉西坦 控制精神症状： • 奥氮平 • 喹硫平 康复及智能训练： • 家庭关爱 • 言语以及记忆功能锻炼等 支持治疗： • 避免肺部感染以及褥疮形成	
六、阿尔茨海默病的预后 AD 病程为 5～10 年，少数患者可存活 10 年或更长时间，最后患者多死于肺部感染、泌尿系感染及褥疮等并发症	2 min 指导学生加强爱伤等人文关怀
七、小结 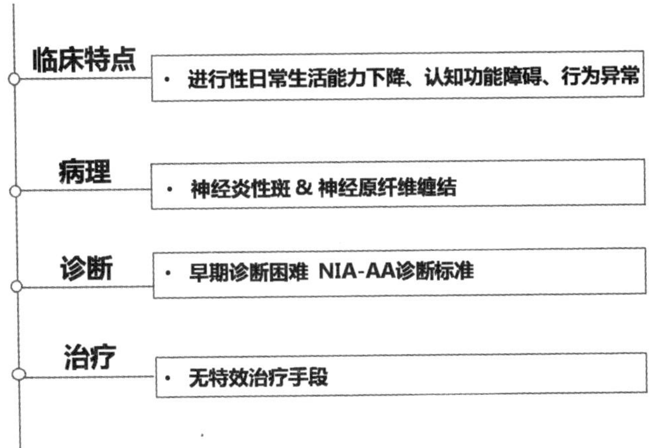 	1 min 总结本节内容，引导学生再次梳理归纳知识点
八、课后思考 1. AD 治疗相关药物的作用机理？ 2. 两大病理特征：神经炎性斑以及神经原纤维缠结形成的可能机制（研究热点）？	1 min 布置课后作业。 知识拓展：课后学生根据自己能力查找相关资料

六、教学评价

（一）教学目标要求

（1）教学目标明确，符合课程标准和教材的要求。

（2）教学要求适当，切合学生实际，体现因材施教原则。

（二）教学内容和结构

（1）课前精心备课，教师对课程内容掌握较好，明确教材中知识的来龙去脉，掌握本节课教材在全章节的地位与作用，对知识结构、知识之间的关系能理顺并融会贯通。

（2）教学内容正确，无知识性错误，与课标和教材内容相符合。

（3）突出重点、突破难点、抓住关键。对重点内容，分析时“点”透，练习时留给学生的时间要足够，使学生对重点知识掌握得准确、牢固、熟练。对难点知识，要根据学生的实际知识水平和生活经历，举出实例，深入浅出地加以说明，联系学生已有的知识进行分析和推理，利用形象、生动的比喻把学生难以理解的知识变得比较容易接受。

（4）注意知识教育、能力培养和情感教育三者的有机结合。

（5）教学环节清楚，安排合理，衔接紧密。

（6）教学容量适度，思维密度适宜，学习负担适当。

（三）教学方法

（1）教学方法灵活多样，坚持启发式教学、案例教学法。

（2）体现以教师为主导、学生为主体的理念，师生双边活动协调。

（3）注意培养学生学习兴趣，调动学生学习的积极性和主动性。

（4）重视学法指导。

（四）教学技能

（1）教态亲切、自然、文明、大方。

（2）语言准确、规范、流畅、生动。

（3）板书、板图、板画简明扼要，布局巧妙，工整美观。

（4）现代化教学手段和教具使用娴熟、自然、恰到好处。

（5）课堂应变和调控能力强。

（五）教学效果

1．知识掌握

针对教学目标要求的重点，如阿尔茨海默病的临床表现，经教学过程中的不断归纳/提问/解答，检验学生对基础知识的掌握。

2．技能锻炼

课前布置任务，复习神经系统查体，特别是高级智能查体部分，通过课堂上的实践，提示学生基本技能的掌握及训练达到预期效果。

3. 能力及素质

人文关怀、思政教育始终贯彻课堂，课程开始采用播放温情视频的方式直接切入，吸引了学生的学习兴趣以及亲身参与的热情，课堂教与学氛围俱佳，同时培养了学生的人文医学执业技能素质。

七、教学反思

“学而不思则罔，思而不学则怠”，这句话不仅适用于学生学习新知识的过程，同样也适用于教师的教学过程。教学也需要在不断地再认识、再反思的过程中进一步提高。

（一）教学理念与教学设计

本节课给同学们讲授的是“阿尔茨海默病”，这是神经系统常见病，也是社会老龄化带来的严峻问题。从教学理念上，始终秉承“教学不是灌满一桶水，而是点燃一把火”。不仅仅是想让同学们认识这个疾病，更重要的是让学生们通过了解疾病后，学会如何照顾、关心以及爱护最亲爱的人，同时启发学生们进一步探讨那些尚未解决的难题。

课程设计的初衷是从课程开始先观看视频，达到共情的目的，同时通过视频，让同学们对阿尔茨海默病的临床表现有初步印象，在整个教学过程中不断地结合视频进行讲解，让一些专业名词更形象化。

（二）教学过程及方法

通过视频引入，再逐步引申出疾病的流行病学、病因机制、病理改变、临床、诊断、治疗预后，将疾病的整个轮廓描绘清楚。在讲解过程当中，通过不断地复习、设问、解疑、板书、画图以及多媒体教学，从声音、视觉、实践等方面维持课堂专注度，同时也将疾病最新进展抛出，鼓励同学们致力于该领域的研究，最后再次通过共情的方式，让同学们的情感升华。

（三）存在的教学问题

阿尔茨海默病的临床表现是基于两大病理改变，但本节课由于时间紧凑，并没有对病理的形成过程以及如何进展导致临床表现的过程详细讲解。下次课将尝试通过线上线下教学相结合的方式，将一些相关资料先下发，让同学们提前进行预习，然后带着问题到课堂。

通过这次青年教师的比赛，在备赛以及参赛的过程中，个人也收获了很多，在今后的教书育人道路上，这段难得的经历将继续陪伴我不断地进步。

慢性鼻窦炎

南方医科大学　韩日（医科组）

作者简介：韩日，男，主治医师，南方医科大学第一临床医学院主讲课程包括：“耳鼻咽喉头颈外科学”、临床医学八年制整合课程“五官科学”模块、留学生“耳鼻咽喉头颈外科学”课程、公共选修课“京剧艺术赏析”。

临床专业擅长：鼻内镜下鼻窦炎、鼻窦颅底肿瘤、鼻眼相关外科疾病的手术及综合治疗；改善外观及鼻腔功能的综合鼻整形手术；变应性鼻炎的特异性免疫治疗。学术任职：中国研究型医院学会过敏医学专委会青年委员、广东省医师协会变态反应工作委员会青年委员。

获奖情况：2015 年荣获南方医科大学中青年教师教学竞赛一等奖、全国医学院校青年教师教学基本功大赛二等奖；2018 年荣获全国耳鼻咽喉科青年医师病例大赛一等奖；2020 年获广东省第五届高校（本科）青年教师教学大赛医科组一等奖。

课程名称：耳鼻咽喉头颈外科学
学时：1 学时

一、学情与内容分析

（一）学生特征

本课程的授课对象为临床医学五年制四年级学生，是我校进行医学系统化教学的学生，目前已经完成了内科学、外科学等全身疾病的系统化学习，对于医学临床疾病的学习具有一定的知识基础及能力基础。

（1）通过课前的学生访谈，发现目前依然有很多同学对于知识点的理解习惯于死记硬背，目前的学习阶段对于疾病的症状、体征的理解不足，缺乏感性认识。

（2）学生对于耳鼻咽喉头颈外科学的学科难度上认识不足，低估了学科本身知识的数量与难度，导致学习准备不足。

（3）往届学生反映在学习完耳鼻咽喉头颈外科后，知识理解不深刻，难以完成将知识向诊疗能力的良好转化。

（二）课程特征

在临床医学的各门学科中，耳鼻咽喉头颈外科学是一门难度较大、难以理解的临床专科疾病学。其基础以临床解剖学最为重要，因此需要学生具有极强的空间想象力和形象化记忆力。

（1）虽然目前通过教学改革，完成了系统化学习的转化，但对于耳鼻咽喉头颈外科学该部分课程内容本身，依然存在着“教学者认为内容容易理解，而学习者感觉难度极大”这样的教学认识不对等的情况。在课堂教学中依然存在教学内容单一、教学方法和手段传统等问题。

（2）在慢性鼻窦炎的学习过程中，鼻腔鼻窦的临床解剖基础对于学生们了解疾病的临床表现、分型、诊断、治疗起到至关重要的作用。但鼻窦的解剖结构不在体表，其细微结构较难理解，实体器官位于体内，难以直观观察到，平面模式图难以理解，难以建立空间想象。

（3）慢性鼻窦炎属于耳鼻咽喉科临床最常见的慢性疾病之一，发病率高，严重影响患者的生活质量，所以学好本章节对于临床医学专业学生尤为重要。

（三）教学定位

以岗位胜任力培养为核心，社会需求为导向的培养目标。

（1）通过课程教学，学生理解鼻科慢性病患者的病痛，对疾病给患者造成的痛苦有充分的认识，能够更好地在临床工作中关爱患者，解决患者的病痛，为病患服务。

（2）对于鼻科学的临床解剖学有更深刻的理解，对于鼻腔鼻窦结构的认知达到熟练掌握以便对异常病态的解剖结构可以快速地感知与判断。

（3）对于慢性鼻窦炎相关疾病的学科前沿有所认识，在未来临床工作中发现问题，并可以在探索中尝试解决问题。

（4）对于耳鼻咽喉科相关知识可以相互融会贯通，应用于未来临床实践。

二、教学目标分析

（一）知识目标

1. 掌握

（1）慢性鼻窦炎的临床表现。

（2）慢性鼻窦炎的诊断。

（3）慢性鼻窦炎的治疗原则。

2. 熟悉

（1）慢性鼻窦炎的药物治疗。

（2）慢性鼻窦炎的病因。

3. 了解

（1）慢性鼻窦炎的病理特征。

（2）慢性鼻窦炎的流行病学特征。

（3）慢性鼻窦炎的外科治疗。

（二）能力目标

（1）具备初步慢性鼻窦炎规范诊疗的能力。

（2）具备初步阅读电子鼻内镜图片和 CT 影像的能力。

（3）具备与慢性鼻窦炎患者及家属的沟通能力。

（三）理念目标

1. 牢记救死扶伤之使命

慢性鼻窦炎作为国民生活中最常见的耳鼻咽喉科慢性疾病之一，严重影响患者的生活质量。所以对于该疾病的救治，体现了从医者救死扶伤、生命至上的理念，使学生时刻牢记自己学医、从医的初心，深刻体会到我们投身医疗事业的人生价值所在。

2. 培养不断钻研之动力

通过本章节的学习，感受到耳鼻咽喉科学的独特吸引力，能够透过现象看本质，形成对临床医学浓厚的兴趣，并内化形成对今后学习及从医的动力。

三、教学重点与难点

（一）教学重点

重点内容：慢性鼻窦炎的临床表现、诊断、治疗原则。

（1）对于临床重点疾病，疾病的临床表现是学生理解疾病、认识疾病的直接途径。根据典型的临床表现，可以帮助学生充分地收集病史、完善检查。

（2）疾病的诊断方法、治疗原则是临床医学专业本科生对于疾病学习的另一大关键，它直接承接后续的临床实习及住院医师规范化培训等阶段。

（二）教学难点

1. 慢性鼻窦炎的临床表现

在慢性鼻窦炎的学习过程中，鼻腔鼻窦的临床解剖基础至关重要。但学生对于前期学习的大部分解剖学知识却记忆模糊，无法对解剖结构做到烂熟于心，更不能做到深刻理解。同时慢性鼻窦炎的类型不同，临床表现也不同，更增加了知识的复杂程度。

2. 慢性鼻窦炎的诊断

学生目前仅停留在理论学习阶段，对于临床真实病例资料的接触十分有限。学生大多在学习中只能背诵诊断的流程是什么，对于临床资料无法很好地搜集和分析，这对于学生未来走向临床工作极其不利。

3．慢性鼻窦炎的治疗

关于鼻窦炎的治疗原则，教材中有讲述。但是在实际病例中状况千差万别、且学生对于疾病的认识不深刻，这时很难对治疗方案做出很好的选择。不过按照教学大纲，只需要学生掌握治疗的大体策略，对于其他具体治疗方案，仅为熟悉及了解内容。

四、教学策略与方法

（一）教学重点解决的策略与方法

1．重点内容

慢性鼻窦炎的临床表现、诊断、治疗原则。

2．解决方案

（1）时间保证：使用10分钟讲授慢性鼻窦炎的临床表现；使用7分钟讲述慢性鼻窦炎的诊断；使用5分钟讲慢性鼻窦炎的治疗原则，5分钟讲解治疗具体手段。

（2）方法保障：综合采用任务驱动式、对比式、启发式、情景设计、案例分析等多种方法，激发学生学习慢性鼻窦炎的兴趣，熟悉鼻窦的正常生理结构、学习慢性鼻窦炎的临床表现、诊断及治疗原则。

（3）手段保障：运用典型慢性鼻窦炎的案例、视频和图片，激发学生学习的主动性，积极互动，形象化讲授，突出和强调重点。

（4）结合学生手绘，共同完成学习。

（二）教学难点解决的策略与方法

1．慢性鼻窦炎的临床表现

（1）画模式图结合示范讲解：在课前一周，学习手绘鼻窦冠状位的模式图。结合解剖生理内容的学习，在课堂上进一步手绘鼻窦冠状位模式图，并在模式图上标注出异常部位。通过手绘，可直接加深对于鼻窦解剖和鼻腔功能的理解，记忆并理解慢性鼻窦炎的临床表现。

（2）真实病例的内镜录像：在临床工作中选择典型的真实病例，结合患者的病史和体征，同时播放患者电子鼻咽喉镜检查的录像，使学生们对于慢性鼻窦炎的理性认识与感性认识相结合，从视觉上真实感知临床病例，加深理解，提高学习效果。

（3）启发式教学：哪里的病变可能导致嗅觉减退呢？如果嗅裂并没有息肉增生，那么患者就不会有嗅觉减退么？

（4）模拟病例的解答：课后思考题中给出模拟病例，让学生利用课后时间根据病例信息给出检查及诊疗的方案。通过病例分析过程，模拟临床思路的形成过程，让学生摸索完成真实的临床诊疗过程。

2．慢性鼻窦炎的诊断

（1）真实内镜教学：在教学过程中使用真实内镜的图片。从视觉上真实感知临床病例，加深理解，提高学习效果。

（2）图片对比法：在病例展示过程中，将正常与异常结构相对比，将不同类型的异常结构相对比，抓住关键特点，让学生直观地发现差别，提高教学效率。

（3）假设推理：对于慢性鼻窦炎的症状，有什么特异性呢？对于 10 名同样抱怨鼻塞、流脓涕、嗅觉减退、头痛的患者，我们是否应该区别对待呢？让学生们推理出 VAS 评分方法。

3．慢性鼻窦炎的治疗方法

（1）归纳法教学：从鼻窦炎治疗原则中的复杂内容中归纳出诊疗的主体思路。

（2）文献检索：选择通过开放式教学的方式完成。让学生通过文献检索总结慢性鼻窦炎的治疗方式，以及目前的新进展。

（3）PBL 教学补充：在模块学习中，理论授课完成后还有小班的 PBL 教学作为补充。

五、教学过程设计与实施

本节课教学过程设计与实施如表 1 所示。

表 1　教学过程设计与实施

教学内容与时间安排	教学设计
一、入题（1 min） 以一个儿童鼻窦炎伴鼻息肉的病例入题： “这是一个 6 岁的孩子，他的童年一直被反复鼻塞流鼻涕困扰。最后在医院诊断：双侧慢性鼻窦炎合并鼻息肉，而不到半年就复发了。孩子的母亲很焦急，再次评估了孩子的病情，医院扩大了手术范围，做了第二次手术，然而 8 个月后，孩子的情况再次复发……” 所以这是一个什么样的疾病呢？为什么这个孩子的治疗效果这么不令人满意呢？那我们今天来学习困扰这个孩子的疾病：“慢性鼻窦炎”。 板书设计： 慢性鼻窦炎 chronicrhinosinusitis	【特殊病例入题法】 【案例法】【PPT 法】 用临床上的真实病例开篇，引起学生的兴趣，让学生体会慢性鼻窦炎是一种常见的、严重影响患者生活质量的疾病，提醒学生对于本章节的重视。 【引入思政元素】 深刻理解患者长期患病的痛苦，体会疾病发展到一定程度危及生命的急迫性，鼓励学生用技术和仁心来拯救患者的病痛。 【板书法】

续上表

<table>
<tr><th>教学内容与时间安排</th><th>教学设计</th></tr>
<tr><td>**二、复习鼻腔解剖**（2 min）
鼻窦的解剖：上颌窦、筛窦、额窦、蝶窦
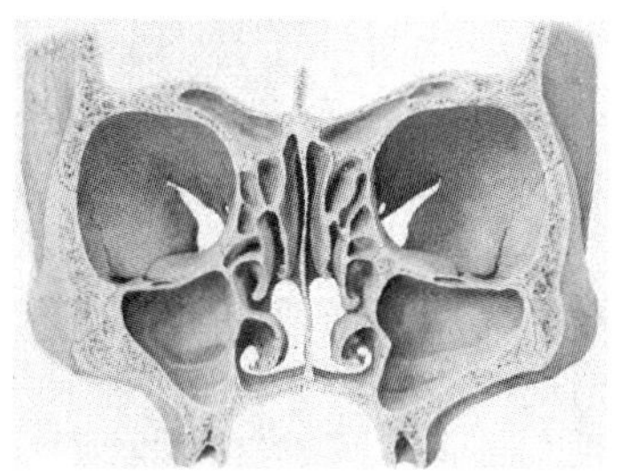 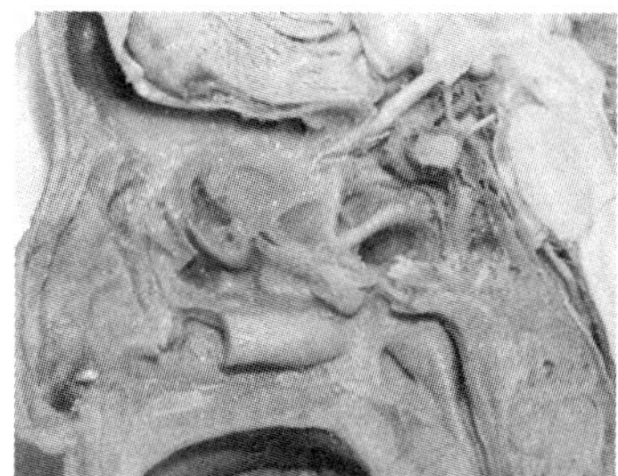</td><td>【线上线下混合教学法】【手绘法】
结合线上的预习内容，带领学生共同完成鼻窦冠状位模式图的手绘，有的放矢地引导学生注意学习方法，并在本次课教学过程中反复提及解剖相关知识，便于教学活动能顺利有效地进行。
【教具法】
结合教具指示，应用空间立体思维，迅速激活学生对于解剖位置的记忆</td></tr>
<tr><td>**三、慢性鼻窦炎**（chronic rhinosinusitis）（2 min）
发生于鼻窦黏膜的慢性炎症性疾病，病程超过 12 周。
1. 流行病学特征【了解】
了解慢性鼻窦炎世界流行病学情况，以及在中国 30 多个省（自治区、直辖市）350 家医院 1 240 名医生的调查情况，可知慢性鼻窦炎的发病率为 2.2% ~8%，常合并支气管哮喘及 COPD（慢性阻塞性肺疾病），已成为严重的公共健康问题。
2. 临床分型
（1）慢性鼻—鼻窦炎伴鼻息肉（chronic rhinosinusitis with nasal polyps，CRSwNP）。
（2）慢性鼻—鼻窦炎不伴鼻息肉（chronic rhinosinusitis without nasal polyps，CRSsNP）</td><td>引出病名和流行病学表现。注意英文重点词汇的朗读。
【PPT 演示法】
列举世界和中国的流行病学数据，让学生对于疾病分布有一个初步的认识，明确慢性鼻窦炎是一个世界性的常见疾病。
【引入思政元素】
鼓励学生认真学习该疾病，转化为医学生的责任感。
【对比法】
后续内容注意，不断提醒学生将两种类型的鼻窦炎进行贯穿全篇的对比，注意两种临床分型的内在区别</td></tr>
</table>

续上表

<table>
<tr><th>教学内容与时间安排</th><th>教学设计</th></tr>
<tr><td>

四、病理【了解】（1 min）

复习正常鼻黏膜组织。

病理改变：

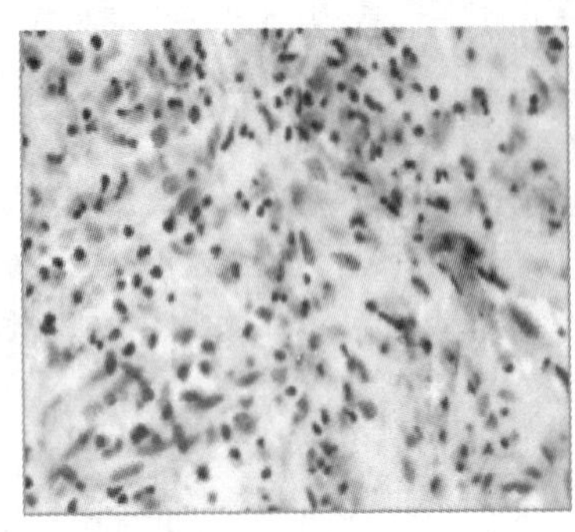

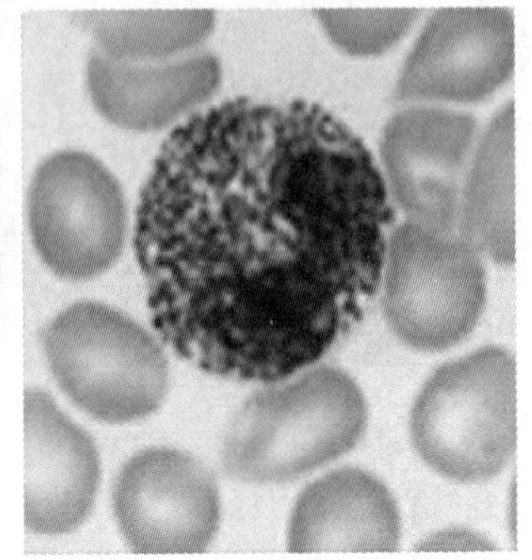

（1）鼻腔上皮组织：以假复层纤毛柱状上皮为主，伴有杯状细胞增殖和鳞状细胞化生以及基底膜增厚。

（2）上皮下固有层：以水肿为主，有不同程度的胶原纤维沉积。

（3）炎症细胞：嗜酸性粒细胞为主，还有中性粒细胞、浆细胞、淋巴细胞以及肥大细胞等。

（明显影响预后）

</td><td>

【对比法】

对比鼻腔鼻窦黏膜组织的状况。

【归纳教学法】

明确慢性黏膜炎症的共性：

1. 水肿；

2. 增生；

3. 炎性细胞浸润特征：嗜酸性粒细胞为主

</td></tr>
<tr><td>

五、病因：【熟悉】【难点】（3 min）

1. 感染（细菌生物膜、超抗原）

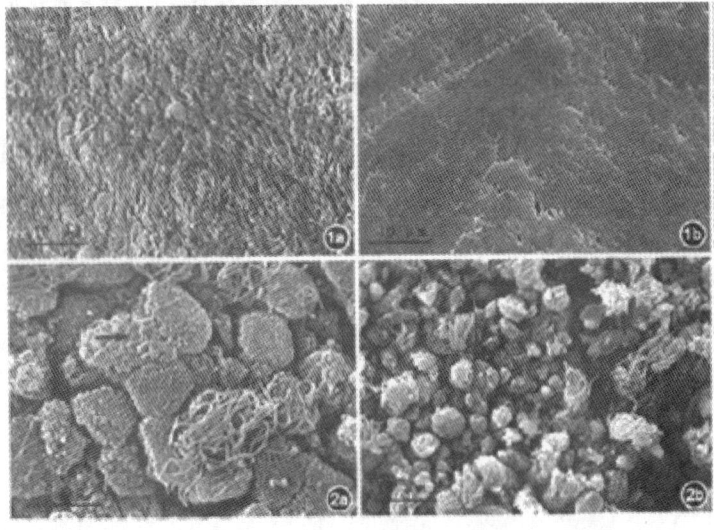

</td><td>

【PPT 演示法】

重点在确凿的病因学研究结果方面加以解释。

【病案引入法】

每一个局部病因都引入一个简短小病例，只说明问题即可，引发学生对于病因追寻的兴趣。

【引入思政元素】

新时代的医学生及医生的哲学水平，一定要透过现象看本质，认知疾病的本质才能找到解决问题的方向。

【案例法】

证明鼻窦炎的根本问题远不止解剖开口阻塞

</td></tr>
</table>

续上表

教学内容与时间安排	教学设计
2. 变态反应（哮喘、阿司匹林不耐受） 3. 骨炎 4. 纤毛形态和功能障碍（纤毛不动综合征、囊性纤维化）、Kartagener 综合征（支气管扩张、慢性鼻窦炎和内脏反位） 5. 真菌 6. 解剖结构异常（OMC）	
六、临床表现【掌握】【难点】（10 min） （一）症状 1. 鼻塞 双侧进行性鼻塞。 2. 脓涕 前鼻孔：流脓涕。 后鼻孔引流：咳嗽咳痰。 3. 嗅觉下降（为什么）？ 4. 面部压迫感 头面部闷胀沉重感。 5. 头痛 6. 耳部症状 分泌性中耳炎。 （二）体征 1. 黏脓涕 2. 双侧鼻息肉 3. 广泛黏膜水肿 注意，很多位置均可能出现鼻息肉： 1. 双侧中鼻甲、中鼻道 2. 嗅裂 3. 上鼻道、后筛黏膜 （三）影像学检查 鼻窦 CT 扫描（但不作为诊断的必备条件）： 1. 鼻窦炎累及的范围 2. 鼻腔鼻窦黏膜病变程度 3. 鼻中隔偏曲及其他鼻窦有关结构的解剖变异 4. 根据某些 CT 特征间接判断鼻窦炎黏膜的炎症类型 注意：鼻窦 MRI 检查一般不用于 CRS 的诊断。 讲清楚几个学生们可能存在的疑问：为什么 CT 可以作为鼻窦炎检查的主要手段？	【综合多种教学方式】 该部分内容既是重点又是难点，需要综合掌握各种教学方式，调动学生们参与，并完成教学任务。 【启发式教学】 哪里的病变可能导致嗅觉减退呢？如果嗅裂并没有息肉增生，那么患者就不会有嗅觉减退么？ 【教具演示法】 以教具指示，时刻提醒学生对于鼻腔鼻窦结构的记忆。 【手绘示意图法】 继续根据手绘的冠状位模式图，理解和记忆相应症状，并在课后建议学生完成对于鼻窦炎的个性笔记。 【真实影像法】 将学生们对于合并鼻息肉的慢性鼻窦炎的认识从模式图中理性的认识，与真实病例喉镜录像中的感性认识相结合，加深对于慢性鼻窦炎的理解。向临床能力中的“会看病”逐步过渡。

续上表

教学内容与时间安排	教学设计
答案：鼻窦的轮廓以骨性支架为主，CT 可以通过密度判断相关问题相对容易（具体判断内容同上）。 如学生学有余力，可以解释上文中第 4 点：根据某些 CT 特征间接判断鼻窦炎黏膜的炎症类型 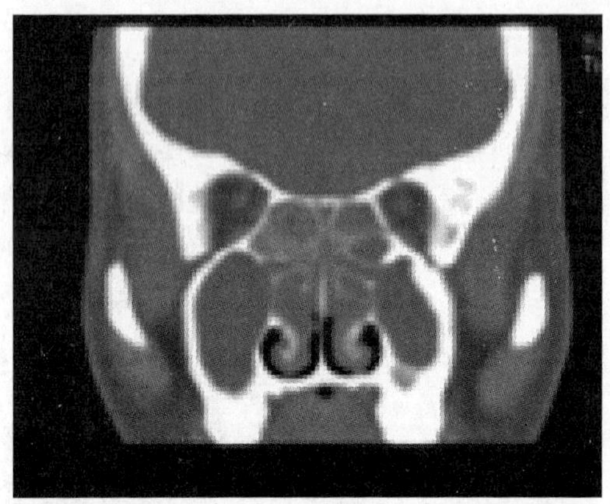 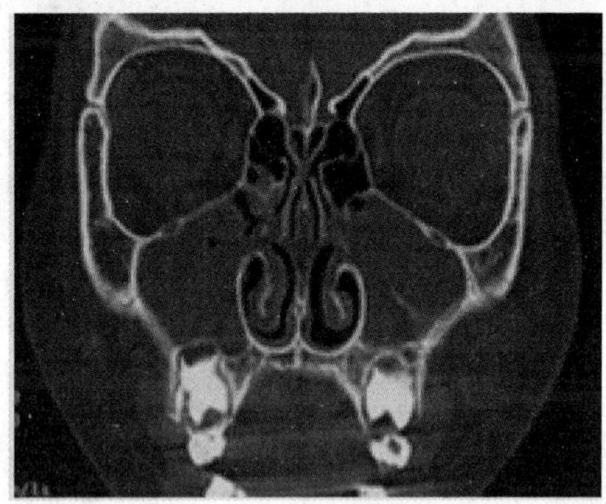	【引入思政元素】 1. 用病例说明患者长期鼻塞的躯体及精神痛苦，教导学生体谅患者。 2. 鼓励学生用过硬的技术和关爱之心去抚慰患者，这也就是我们从医的初心与使命。 【启发归纳法】 启发学生尝试归纳出慢性鼻窦炎伴鼻息肉的临床表现特征，向临床能力中的“会思考”过渡。 【板书法】 在讲解过程中逐步完成板书，并用板书总结慢性鼻窦炎的临床表现。 本段内容教学注意要点： A. 多个教学方法共同完成教学； B. 注意切不可形成结构阻塞导致慢性鼻窦炎的刻板印象，使得学生明白临床病情的复杂性； C. 学会通过症状特征反推患者病情相关信息（如嗅觉减退证明什么）； D. 切不可死记硬背，一定要通过理解来掌握不同症状，否则将导致知识点混杂而无法形成临床诊疗思路

续上表

教学内容与时间安排	教学设计
七、诊断【掌握】【重点】（7 min） 1. 详细询问病史（鼻塞、脓涕） 2. 查体：结合前鼻镜、鼻内镜  3. 鼻内镜下形态特点不怀疑肿瘤性疾病，一般不常规进行活检 4、CT检查（拟手术治疗或怀疑肿瘤） 依据：EPOS－2012 和中华医学会 2012 年慢性鼻窦炎诊断和治疗指南。 1. 症状（VAS 评分） （1）鼻塞； （2）脓涕； （3）头闷涨感； （4）嗅觉减退。 2. 体征（内镜评分） 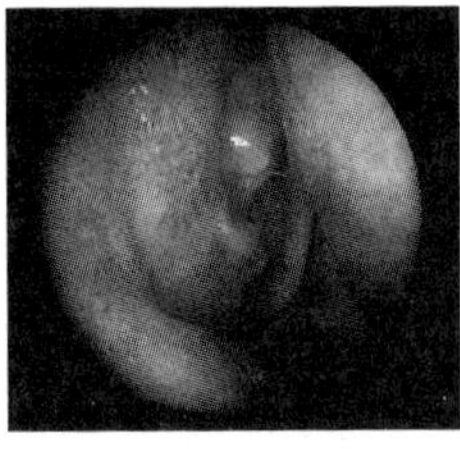 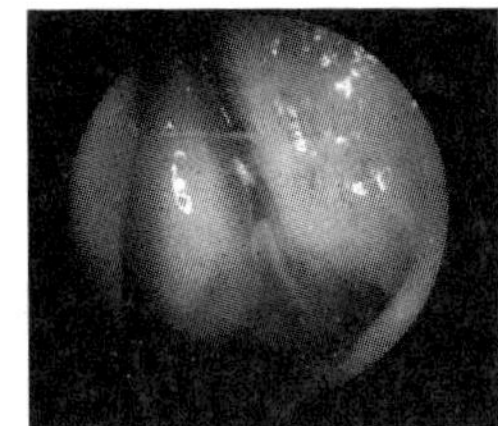 3. 影像学鼻窦冠状位 CT 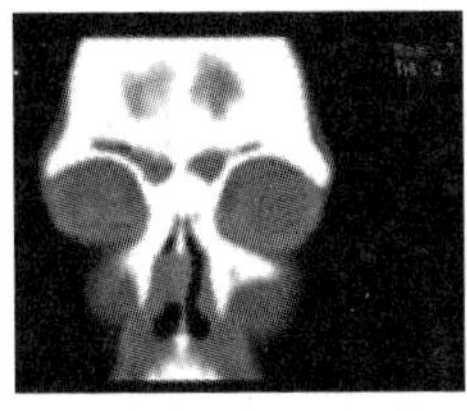 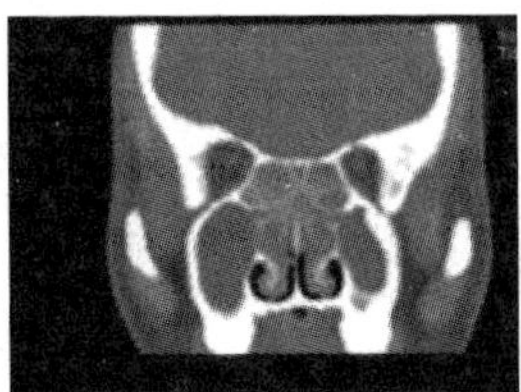 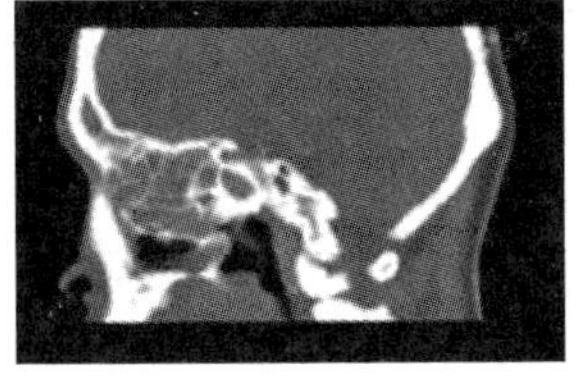 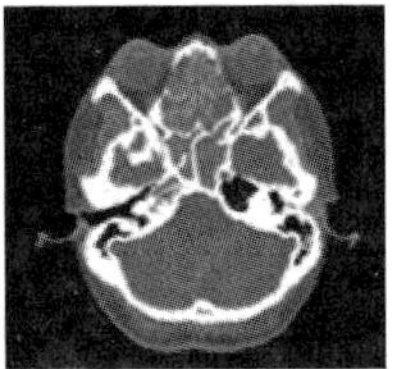 4. 肺功能评估支气管激发/舒张试验 5. 血常规：EOS 要注意疾病的实质是什么！	【对比教学法】 慢性鼻窦炎不伴鼻息肉&慢性鼻窦炎伴鼻息肉的实质区别是什么？ 【启发式教学法】 对于慢性鼻窦炎的症状，有什么特异性呢？对于 10 名同样抱怨鼻塞、流脓涕、嗅觉减退、头痛的患者，我们是否应该区别对待呢？而我们又如何做到呢？ （直接引出 VAS 评分） 【结合病例法】 结合真实病例图片、鼻内窥镜图片和录像，让学生理解对于鼻腔鼻窦的疾病，鼻内镜检查的优势所在。 通过量化评分，可以从纷繁的临床信息中找到疾病的真相。 【引入思政元素】 医学生要提高自己的哲学修养，学会透过现象看本质

续上表

<table>
<tr><th>教学内容与时间安排</th><th>教学设计</th></tr>
<tr><td>八、开篇的病例继续引入（1 min）
带领大家复习诊断经过，最终引出治疗方法</td><td>【案例法】
通过临床真实病例的展示，学生能够对于疾病产生感性认识，并直接关注慢性鼻窦炎的治疗</td></tr>
<tr><td>九、治疗策略【掌握】【难点】（10 min）
依据：EPOS－2012 和中华医学会 2012 年慢性鼻窦炎诊断和治疗指南。
（一）症状分型
1. 轻度 CRSwNP
（1）鼻喷激素 3 个月，如有效则至 6 个月。
（2）无效则局部药物加量。
（3）药物无效则行手术治疗。
2. 中度 CRSwNP
（1）加量使用局部药物治疗，如有效则至 6 个月。
（2）无效则行手术治疗。
3. 重度 CRSwNP
（1）局部激素加短期口服激素 1 个月，如有效则局部用药 3～6 个月。
（2）无效则考虑手术。术后定期随访，并予局部激素＋鼻腔冲洗。
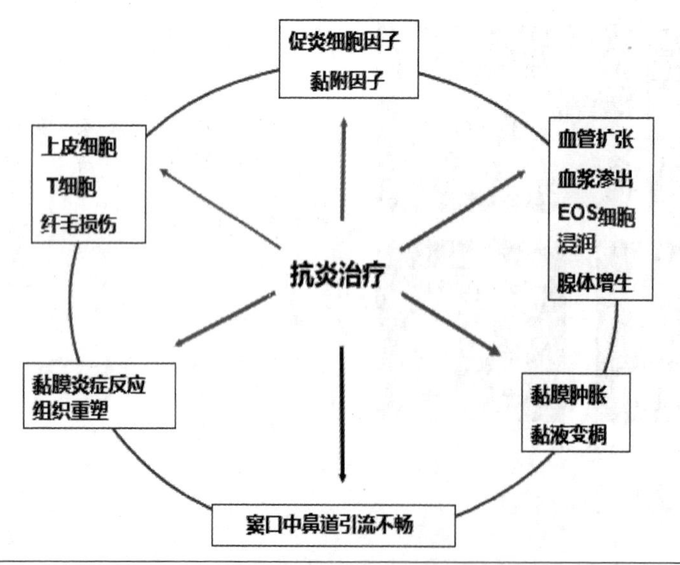
</td><td>【归纳教学法】
从鼻窦炎治疗原则中的复杂内容中归纳出诊疗的主体思路。
让学生体会诊疗指南中分轻、中、重度来区别用药，可以让轻度患者减少用药，也可以让重度患者解决问题。
【引入思政元素】
对于复杂问题的解决，我们可以通过分层、分类法，按照轻重情况区别处理，才能达到好的效果。
考查学生逻辑思维及归纳总结的能力。</td></tr>
</table>

续上表

教学内容与时间安排	教学设计
（二）药物治疗【熟悉】 1. 局部糖皮质激素 包括糖皮质激素鼻喷剂和滴剂，术前连续使用3个月，如果疗效不明显，可以采用手术，术后继续长期规律使用，可以控制术后炎症反应，预防和减缓复发。 2. 全身使用糖皮质激素 一般只用于围术期，每天20～30 mg，总疗程一般不超过2周，可以显著缩小鼻息肉大小，改善症状，对嗜酸性粒细胞型CRSwNP和IL－5等Th2细胞因子阳性的CRSwNP效果更明显。但是要考虑到全身使用糖皮质激素的副作用，如骨质疏松、糖代谢和脂肪代谢异常、下丘脑—垂体—肾上腺素轴的改变，以及心血管系统的影响，并采取相应的预防措施和定期监测。 3. 抗菌药物CRS伴急性感染时 可以根据细菌培养和药物敏感试验结果选择敏感的抗菌药物进行治疗，疗程不超过2周。 4. 黏液溶解促排剂 可稀化鼻腔和鼻窦分泌物并改善鼻黏膜纤毛活性，有促进黏液排出和有助于鼻腔鼻窦生理功能恢复的作用。 5. 抗过敏药物 对伴有过敏性鼻炎和（或）哮喘的患者可应用抗过敏药物，包括口服或鼻用抗组胺药、口服白三烯受体拮抗剂，疗程不少于4周。对于伴有哮喘的患者，首选口服白三烯受体拮抗剂。 6. 中药 7. 鼻腔冲洗 鼻内镜手术后常用的辅助治疗方法。 （三）生物治疗【了解】 使用IgE、IL－5和IL－4受体的单克隆抗体肌内注射已经证实可以显著缩小鼻息肉体积，改善鼻塞、流涕等症状和生活质量，但是需要针对相应的免疫特征和分型，是未来精准治疗的选择。	【提问法】 1. 复习药理学中关于糖皮质激素的相关内容。 2. 学习激素治疗的疗效同时，启发学生注意规避用药风险问题。提醒学生，激素“双刃剑”的特性。 【类比法】 通过类比肾病综合征、自身免疫性疾病等患者使用糖皮质激素出现的并发症，学习全身激素治疗的副作用问题。 【引入思政元素】 我们的生活和工作中，对于风险高的事件，我们并不需要自己犯错去获得经验，而应该多从现有的病例中找寻答案，来指导我们未来的实践。 【对比教学法】 1. 对比急性鼻窦炎和慢性鼻窦炎在治疗上的区别和联系。 2. 对比鼻窦炎和肺炎在治疗上的区别和联系。 【引入思政元素】 学会博采众长，可以通过学习其他学科的知识和技能来滋养自己专业学科的发展，这样才能在事业上有更好的发展。 【启发式提问】 鼻腔冲洗起效的原理是什么呢？我们应该用什么液体进行冲洗呢？冲洗液的成分还可以用什么呢？

续上表

教学内容与时间安排	教学设计
（四）手术治疗【了解】 在充足药物治疗后再考虑进一步手术治疗。 功能性鼻内镜鼻窦手术（functional endoscopic sinus surgery，FESS），在鼻内镜下，切除鼻息肉，开放鼻窦，纠正鼻中隔偏曲和泡状中鼻甲等鼻腔解剖学异常，尽可能保留鼻窦黏膜，重建鼻腔鼻窦通气引流，为鼻腔鼻窦黏膜炎症的良性转归创造条件。 注意：术后需要坚持使用鼻用糖皮质激素	【文献检索法】 生物靶向治疗的基本原理是什么？我们还有哪些疾病在使用？精准医疗对于 CRSwNP 还有哪些新进展？ 【引入思政元素】 对于复杂问题的解决，我们往往无法用单一方法，需要用多种方法协同作用。 【案例法】 结束开篇的案例，并适当引入思政元素：在复杂病例的诊治中要体谅患者及家属的心理压力，要主动建立良好的医患关系
十、总结（2 min） 重点内容：慢性鼻窦炎的临床表现、诊断、治疗原则。 难点内容：慢性鼻窦炎的病因、临床表现、治疗方法	【归纳教学法】 以思维导图的方式归纳课程内容，总结鼻窦炎症性疾病相关内容
十一、课后作业（思考题）（1 min） （1）如何鉴别不同种类的慢性鼻窦炎？ （2）诊断慢性鼻窦炎的辅助检查有哪些，各自的意义何在？ （3）合并鼻息肉的慢性鼻窦炎的治疗策略是什么？	【学生互评法】 在理论课后完成，可先用学生配对互评方式完成点评，如有问题可在专门安排的答疑时间具体解决

六、教学评价

（1）教学目标明确，符合课程标准和教材的要求。

（2）教学要求适当，切合学生实际，体现因材施教原则。

（3）教学内容正确，无知识性错误，与课标和教材内容相符合。

（4）突出重点、突破难点、抓住关键。对重点内容，分析时“点”透，练习时留给学生的时间要足够，使学生对重点知识掌握得准确、牢固、熟练。对难点知识，要根据学生的实际知识水平和生活经历，举出实例，深入浅出地加以说明，联系学生已有的知识进行分析和推理，利用形象、生动的比喻把学生难以理解的知识变得比较容易接受。

（5）教学方法灵活多样，坚持启发式教学、归纳式教学。

（6）体现以教师为主导、学生为主体的理念，师生双边活动协调。

（7）教态亲切、自然、文明、大方。

（8）语言准确、规范、流畅、生动。

（9）板书、板图、板画简明扼要，布局巧妙，工整美观。

（10）现代化教学手段和教具使用娴熟、自然、恰到好处。

（11）课堂应变和调控能力强。

七、教学反思

（1）课程开篇通过治疗失败的病例引入，让学生重视该疾病，并自我感受到医学生救治疾病的责任，为传达明确医生的职业使命和职业素养奠定了基础。

（2）针对本学科难点——解剖结构的学习，教师提前用慕课让学生练习手绘，并当堂共同手绘，并结合解剖教具，激活学生对基础知识的记忆。再快速重温疾病基础知识，引出 CRSwNP，并强调重点：临床表现、诊断和治疗。

（3）通过启发法和对比法，比较急慢性鼻窦炎、慢性鼻窦炎不同类型，加深学生对于临床表现认识。并用对比法比较 CT 和 MRI 检查优势差别，让学生学习的同时形成临床思路，逐步完成学生向医生的转化，避免学生出现只会读书、不会治病的情况。

（4）通过综合分析法和归纳法，明确治疗应遵循局部和整体相辩证统一的理念，以开篇病例的治疗过程为线索，让学生系统认识 CRSwNP 治疗策略。

（5）课程全程用体验法教学，包括真实照片、CT、手术录像、治疗记录、药物实物。

（6）以病例结尾，让学生体会医患沟通的重要性，强化责任感，并以板书串讲，强化英文，进行全面培养，立德树人，落实培育“科学脑，人文心”的新时代医生的教学理念。

（7）课程欠缺：如时间充裕，在手绘后，可随堂点评，发现问题，从而强化学生的记忆和理解。其后可让学生发言，参与治疗方案制定。

扫一扫
观看大赛实录

中　风

广州中医药大学　彭锐（医科组）

作者简介：彭锐，男，医学博士，副教授，副主任医师，硕士生导师，任职于广州中医药大学第一附属医院。是广东省高等学校中青年教师访问学者（导师张伯礼院士），广东省名中医师承继承人，国家中医药管理局第一期中医药外向型骨干人才，担任广东省社区卫生学会中医药与适宜技术分会副会长。主要讲授课程：中医内科学。主要研究领域（方向）：中医药治疗心血管病。主要获奖成果或荣誉：2007 年荣获中国援外志愿服务铜奖；2008 年获评广东省优秀共青团员，广州市杰出青年志愿者，获得南粤优秀研究生奖学金；2016 年 8 月获得第四届“中医药社杯”全国高等中医药院校青年教师教学基本功竞赛三等奖；2020 年获得广东省第五届高校（本科）青年教师教学大赛医科组一等奖。

课程名称：中医内科学
学时：1 学时

一、学情与内容分析

（一）学情分析

1. 根据智力因素分析

（1）本课程的授课对象为中医学专业本科三年级学生，该班级学生思维活跃，有较好的独立思考的能力与创新思维，对于中医内科学的学习有着较强的好奇心与深入学习的欲望。

（2）我校前期的基础课程中着力提高本科班学生的独立思考、开拓创新的思维，设置了如 PBL 教学、案例教学、TBL 教学等教学方式，学生们表现优异。

2. 根据非智力因素分析

（1）从知识背景来看，本科三年级学生已经系统学习了中医学的基础课程，对于中医学的基本概念、诊断方法、治疗都有了知识基础。

（2）从情感因素方面看，学生们偶有到临床见习，大部分学生能够体会病患的痛苦，理解心悸患者及家属的心情，并有着救死扶伤的强烈愿望。

（二）内容分析

1. 重点、难点讲授方面

主要在难点讲授时某些学生可能由于临床基础较为薄弱，在诊断过程中对于患者的主证把握不够准确，实验室检查方面没有针对性，中医辨证有所偏差，针对这些情况，已经设置了应对措施，如课前预习相关内容，课堂提问、讨论后答疑，课后有补充课外学习资源以及和教师进行沟通答疑。

2. 课堂氛围及互动方面

该本科班的学生有着良好的学习态度和活跃创新的思维，能够充分参与到课堂教学活动中，绝大多数学生能够积极投入课程的讨论和分析中，因此，互动方面没有难度。

二、教学目标分析

（一）知识目标

（1）掌握：①中风的概念；②中风的诊断；③中风的辨证要点及治疗原则；④中风的分证论治。

（2）熟悉：中风的病因病机。

（3）了解：①历代主要沿革及与西医相关疾病的联系；②中风的预后转归、预防调护。

（二）能力目标

（1）通过学习中风的典型临床表现，学生对中风的症状能够准确地识别，并了解中风诊断的原则和方法，通过学习中风的诊断及临床特征，学生认识到头颅 CT 或 MRI 等检查是诊断中风的重要实验室检查方法，培养学生的病证结合思维能力。

（2）结合中风的案例，引导学生深入思考，帮助学生拓宽思路，认识到中风的不同类型、病情轻重均有不同，临床上治疗方法也因此有所区别，培养病证鉴别能力。

（3）在教学过程中贯穿 PBL 理念，重视引导、启发、调动学生学习的主动性和积极性，培养他们发现问题、分析问题的能力；利用各种形式的互动，培养学生利用多种信息资源的能力和自主学习的能力。

（三）过程与方法目标

（1）通过案例的分析和归纳，学会分析病证特点，从而得出正确诊断的能力，即现代中医之病证结合思维的建立。

（2）通过对患者四诊资料的分析，明确理—法—方—药，追求理—法—方—药的一致性和严谨性，并且通过对功效类似方剂的对比，体会中医审证求因、因机相符的治疗思路。

（四）情感态度和价值观目标

1. 情感态度目标

（1）通过患者出现不明原因中风的故事引出病证，让学生对该病证引起重视，并且在故事中了解中风的特点，坚定救死扶伤、治病救人的专业信念。

（2）课程中间通过对中风的案例分析，加深学生对该病证的理解，并设置问题，启迪思考，让学生学会抓住主证，懂得分析兼证，激发学生的学习兴趣，培养细致观察、严谨求实的学习态度。

2. 价值观目标

在学习中风的诊断及分证论治时，明确中医与西医各有所长，现代中医需要取长补短，兼容并蓄，这样才能让患者得到最优的诊断及治疗方案，加强学生对中西医的认识，同时增强学习中医的信心。

三、教学重点与难点

（一）教学重点

1. 重点1：中风的诊断

教学策略：通过中风的典型案例的视频展示，四诊合参，提出问题，包括主证是什么？兼证如何？实验室检查情况如何？要求学生归纳案例的特点，从病名、证型进行回答，注意培养病证结合理念和思维，包括主证、兼证及实验室检查方面，从而让学生掌握该病证的诊断。

2. 重点2：中风各证型的辨证思路及方法

教学策略：通过同学们在网络平台上的问题导入本节课内容，以问题为出发点，以学生为中心，通过小游戏的启发，认识到八纲结合脏腑辨证为中医内科辨证方法的核心，并通过对每种证型的特点的分析，帮助学生识别各证型的特征，结合四诊资料进行准确辨证，通过对功效类似的方剂进行组成、剂量的对比，让学生理解如何选择最适合方剂，即中医理法方药的对应性问题。

（二）教学难点

1. 难点1：中风的分期治疗及闭证、脱证的认识

（1）难点分析：中风在疾病发展过程中存在不同的疾病发展阶段，每个阶段的病机均有特点，因此治疗效果也会有所不同，但是在临床实践过程中，学生对于中风的分期认识不足，不会分析各个分期的主要病机，因此学生理解和掌握起来比较困难。闭证与脱证都属于中脏腑范畴，但是两者症状既有些类似，又有些不同，有时识别起

来有一定困难。

（2）教学策略：通过明确具体的中风时间，要求学生记忆，通过分析闭证与拓展的具体症状，通过图像展示与对比，帮助学生们理解中风的闭证与脱证，其严重性及预后转归都有不同，急救措施和治疗方案都会有相应变化，达到加深记忆的目的。

2. 难点2：理法方药一致性及优化方剂选择运用的能力

（1）难点分析：我们发现，中医学学生在临床见习及实习过程中，辨证施治能力是一个短板，面对患者时不知从何下手进行分析，不知如何辨证、如何遣方用药。

（2）教学策略：通过让学生分析每个证型的特点，进行准确辨证之后，列举功效类似的方剂让学生进行思考和选择，并且结合名中医的辨证经验加强学生的辨证及遣方用药能力，提高中医临床思维能力。

四、教学过程设计与实施

扫一扫
获取教学课件

本节课教学过程设计与实施如表1所示。

表1 教学过程设计与实施

教学环节	教学内容	教学方法	教学手段
环节一：游戏引入	通过学生在网络平台上的问题导入本节课内容，以问题为出发点，以学生为中心，通过小游戏的启发，认识到八纲结合脏腑辨证为中医内科辨证方法的核心	游戏引入法	通过游戏引出本节课内容
	【教学设计思路】 ★通过学生问题的展示，吸引学生的注意力，“以问题为出发点，以学生为中心”，通过小游戏的启发让学生知道中医内科学的主要辨证方法，今后遇到临床实际案例，将有明确的辨治思路		
环节二：案例导入【了解】	通过对典型中风患者的诊断，引发学生学习兴趣，同时说明中风的风险和危害，提出医患关系的思考，引导学生形成热爱生命、关爱病患、注重沟通的职业精神。提问：该病例的发病特点是什么？要求学生归纳中风症状特征	案例导课法、共情诱导法	通过案例引出病证临床表现
	【教学设计思路】 ★通过导入一位典型中风患者的案例，以对该病例的中医学诊断贯穿整节课教学内容，吸引学生的注意力，引出中风的定义、流行病学特点、发病特点，用医患故事诱发共情，引导学生形成热爱生命、关爱病患的职业精神		

续上表

<table>
<tr><th>教学环节</th><th>教学内容</th><th>教学方法</th><th>教学手段</th></tr>
<tr><td rowspan="2">环节三：病因病机分析
【熟悉】</td><td>【病因病机】
1. 病因：情志、酒食、体质等。病位在脑，与心、肾、肝、脾相关。
2. 病机：基本病机是气血逆乱，直冲犯脑。
3. 病理因素：病理性质以肝肾阴虚为主，兼有风、火、痰、瘀。
总的病理机制： 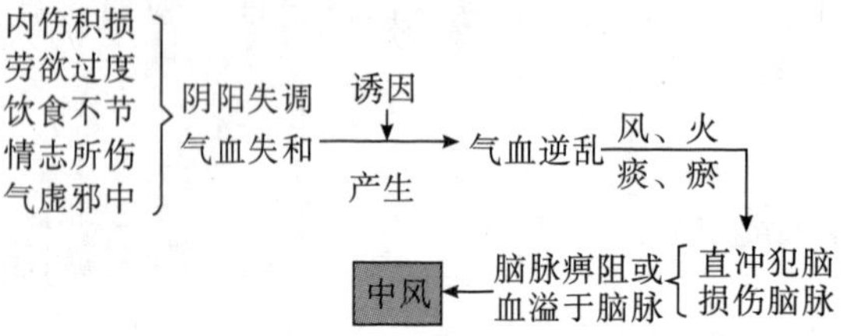
内伤积损、劳欲过度、饮食不节、情志所伤、气虚邪中 → 阴阳失调、气血失和 →（诱因）（产生）→ 气血逆乱 → 风、火、痰、瘀 → 直冲犯脑、损伤脑脉 → 脑脉痹阻或血溢于脑脉 → 中风
病机： 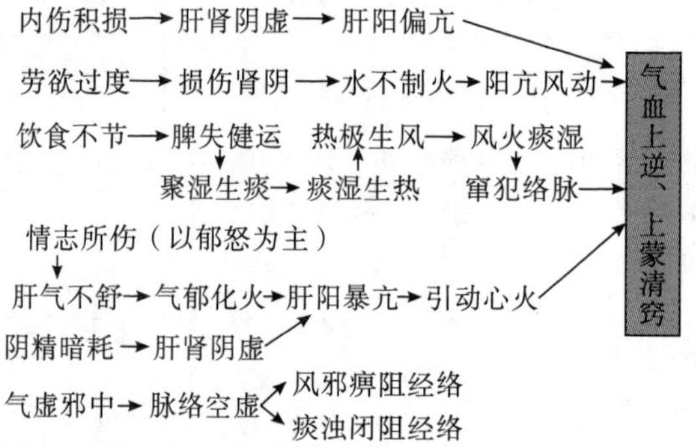
内伤积损→肝肾阴虚→肝阳偏亢→气血上逆、上蒙清窍
劳欲过度→损伤肾阴→水不制火→阳亢风动→气血上逆、上蒙清窍
饮食不节→脾失健运→聚湿生痰→痰湿生热→热极生风→风火痰湿→窜犯络脉→气血上逆、上蒙清窍
情志所伤（以郁怒为主）→肝气不舒→气郁化火→肝阳暴亢→引动心火→气血上逆、上蒙清窍
阴精暗耗→肝肾阴虚→肝阳暴亢
气虚邪中→脉络空虚→风邪痹阻经络、痰浊闭阻经络</td><td>图示法、启发对比法、联想记忆法</td><td>通过PPT讲授中风的病因病机</td></tr>
<tr><td colspan="3">【教学设计思路】
★中风的病因病机是教学中的重点，通过启发诱导、联想对比的方式，结合中医内科学中病因的共性认识，把握虚实两类病因，让学生理解中风的病因病机</td></tr>
<tr><td>环节四：中风的诊断
【掌握】</td><td>1. 通过归纳典型中风患者的“望、闻、问、切”四诊资料，提炼出主证、兼证、实验室检查，通过中医内科学的内科学的诊断思路分析患者病情，通过八纲及脏腑辨证进行辨证。
2. 西医查体、理化检查等手段作为现代中医诊断疾病的辅助手段，将传统中医四诊发展为现代中医“望、闻、问、切、查”五诊。
3. 强调对于中风患者的诊断要明确西医诊断，避免误诊、漏诊，重视病证结合，衷中参西。
提问：要求学生分析案例的主证、兼证、实验室检查</td><td>案例分析法、启发式教学法、互动式教学法</td><td>通过案例展示出中风诊断的关键要点</td></tr>
</table>

续上表

教学环节	教学内容	教学方法	教学手段
环节四：中风的诊断【掌握】	【教学设计思路】 ★中风的诊断是教学重点，通过案例教学，让学生对于该病的主证、兼证、实验室检查有了形象化的记忆。 ★通过分析实验室检查，让学生理解现代中医的辨病理念——病证结合及五诊理念，与时俱进，中西互参		
环节五：辨证论治【掌握】	一、中风的辨证论治 1. 中风的辨证要点：首辨阴阳表里寒热虚实，次辨脏腑，注意分析相关的病变脏腑，用整体观念去思考疾病。辨中经络和中脏腑，辨闭证与脱证，辨顺势与逆势。 2. 中风的分证论治： 急性期：(1) 中经络：风阳上扰、风痰入络。 (2) 中脏腑：①阳闭，痰热腑实，痰热瘀闭。 ②阴闭，痰蒙神窍；元气败脱证。 恢复期和后遗症期：气虚血瘀、阴虚风动、肝肾阴虚。 二、中医的辨证论治 1. 辨证要点——强调理、法、方、药对应。 2. 辨证治疗——强调八纲结合四诊，细致分析，精准治疗。 3. 科研思路——强调与时俱进，结合新冠肺炎疫情中中医药发挥重要作用的事例，启迪科研思路	启发式教学法、图示法、对比讲授法、案例教学法	通过案例展示，寻找其证型特点，从而得出相应的证型诊断
	【教学设计思路】 ★分证论治是教学的重点内容，通过案例教学，让学生抓住每个证型的关键特征，包括主证、兼证特征，舌脉特征，并且通过理、法、方、药的思考，让学生掌握如何进行选方用药，如何选方能够更加准确、更加契合病机，在案例中思考，在案例中体会		
环节六：总结	1. 总结本次课所学内容，布置作业： (1) 请思考中医学的辨证方法的使用规律，如何在不同病种中选择合适方法？ (2) 根据本节课案例患者的五诊资料，写出你的辨证治疗方案。	总结归纳法、互动讨论法	通过口诀式的课堂总结帮助学生记忆所学内容

续上表

教学环节	教学内容	教学方法	教学手段
环节六：总结	2. 对学生提出下次课的要求和学习范围，并且进行学生的答疑讨论		记忆口诀： 中风昏瘫喎謇麻， 四诊收集足线索， 八纲脏腑辨证先， 理定法方药能全， 病证结合中西参， 如来神掌猴自安
	【教学设计思路】 ★复杂的教学内容通过简单的口诀式记忆法能够更好地被学生所记忆和理解，口诀朗朗上口，被学生们所喜爱和推崇		

五、教学评价

围绕知识、技能两个教学目标安排任务：小测验、提问、讨论、实践操作、撰写论文等，从完成任务的质量考核学生掌握、发展情况；从完成任务的态度以及遵守纪律情况评价学生的学习态度、价值观。做到及时评价、及时反馈。

六、教学反思

中医内科学的教学理念有三点：(1) 本着立德树人、德育为先的宗旨，培养学生积极正确的人生观和价值观。(2) 以问题为导向，以学生为中心，本着“知行合一”的思想，强调在做中学。(3) 教师的身份是课堂秩序的维持者、引导者、启发者、组织者，鼓励学生依据已有的教学资源进行自主探究式学习。

本次课运用了多种教学方法，讲授中风病的诊断（重点）和中风的辨证论治（重点、难点）内容，综合使用了案例教学法、PBL 教学法、启发对比法等多种教学方法，运用了慕课网络资源、中医内科学案例资源库、微信公众号等多种网络资源，通过课前预习、课中讲授、课后作业以达成教学目标。

本次课的课堂教学，以学生预习视频案例的问题引入，激发学生学习的积极性；通过一个小游戏，让学生运用取类比象的思维理解中医辨证方法的使用原则；通过案例抽丝剥茧的分析，让学生理解八纲和脏腑辨证的具体运用；通过模拟患者问诊过程中的医患沟通，让学生身临其境地体会到患者的疾苦，用大医精诚的温暖之心去关心和体贴患者，培养学生关爱病患的情感态度；通过讲解新冠肺炎疫情中中医药的作用，提升学生学习中医的信心。

本节课的不足在于课堂教学中板书的运用不是特别理想，没有和小结内容很好地结合起来，今后要加强板书设计。

股骨头坏死

暨南大学　李劼若（医科组）

作者简介：李劼若，男，临床医学博士，副主任医师、副教授，硕士生导师，暨南大学附属第一医院骨科二党支部书记、运动医学中心主任，暨南大学全英授课资格教师。主讲课程：外科学（骨科）、临床病例及患者安全、骨科技能操作、运动系统贯通课程等课程。研究领域及成果：运动创伤的诊治，擅长膝、肩、肘等关节镜手术技术；虚拟仿真教学在临床教学中的应用。主持国家级虚拟仿真教学项目1项，参加国家级、省部级科研和教学课题、多中心临床研究多项，发表SCI等论文多篇，申请国家发明专利1项。知名健康科普自媒体创作者。获奖情况：广东医院最强科室之实力中青年医生；第五届羊城青年好医生；广东省健康科普作品大赛十佳科普平面作品；2020年获广东省第五届高校（本科）青年教师教学大赛医科组一等奖。

课程名称：外科学（骨科）
学时：1学时

一、学情与内容分析

（一）学生的专业基础、学习态度和能力水平分析

1．专业基础分析

经过解剖学对髋关节结构、诊断学对髋关节疾病常见症状和外科学对骨科总论的学习，学生已经具备学习本节内容的知识和技能。股骨头坏死是髋关节的常见疾病之一，容易造成髋关节功能障碍，严重影响患者活动能力。因此，学生们在日常生活中或多或少听过该疾病名称，但是对该疾病从解剖到功能，从临床表现到治疗方式选择都缺乏系统的、深入的认识。

2．学习态度分析

该病在现实中有较高的漏诊率、误诊率，不少患者是到了中晚期通过系统检查才发现，因此可能延误了最佳的治疗时机。学生们对该病的认识和理解也可能比较肤浅。骨科治疗技术的发展迅速，对股骨头坏死的治疗方案也更新得较快，学生们了解到的一些诊治知识有可能已经过时，对该疾病的认识不够科学全面。

3．能力分析

学生对股骨头坏死的诊断和鉴别诊断能力薄弱，临床实践中爱伤观念不足，学习最新医学指南的能力不足。通过本章节的学习，可以提高学生临床思维能力，增强学生治病救人的爱伤观念和人文关怀。由于临床的治疗手段和效果日新月异，要求提高学生查阅新近文献、学习指南、采取循证医学证据指导医疗行为的能力。

（二）教学内容分析

本节课内容为“下肢骨、关节损伤”中的第三节，教学内容组织符合教学大纲。

本节课内容和本章其他教学内容（股骨干骨折、股骨远端骨折、髌骨骨折等）共同构成下肢关节运动系统损伤疾病的知识内容，本节课 1 学时教学容量恰当。

二、教学目标

（一）目标

（1）掌握股骨头坏死的基本知识和诊断治疗。

（2）具备对该疾病的初步临床分析能力。

（二）知识与技能

1．知识

（1）掌握：股骨头坏死的临床表现与诊断技术；股骨头坏死的治疗。

（2）熟悉：股骨头坏死的病理变化和临床分期。

（3）了解：股骨头坏死病因。

（4）拓展：股骨头坏死治疗的新进展。

2．技能

掌握对股骨头坏死的临床问诊、体格检查技能。

（三）过程与方法

（1）案例引导式教学：在课程导入时，使用学生日常生活中可能遇到或听说过的病例，以问题为导向，并提出相关问题，培养学生在日常生活中对医学专业知识的关注和专业上独立的思考能力。

（2）承前启后：介绍疾病前，先简要复习该部位的解剖、病理生理学基础，并为下面的讲课埋下伏笔，培养学生温故知新的能力。

（3）从学生已掌握的关节痛的共性表现，过渡到本疾病的个性临床特征，诱发学生思考，以问题引导学生成为教学中的主体。通过系统的从疾病的临床病史到疾病的临床表现、体格检查、辅助检查，最后到治疗方案的学习，培养学生初步形成对该病的临床思维，具备对该疾病的初步临床分析能力。

（4）针对疾病的特点，提出日常生活中可能遇到的关于本疾病的一些问题，鼓励学生用所学知识去解答，培养学生学以致用、知识迁移的能力。

（5）反思本次理论教学产生的评价及反馈结果，指导临床见习，使学生在实习实践过程中补充短板，进行本疾病的诊疗相关操作，培养动手操作能力。

（6）通过作业，让学生充分思考、讨论，纵横总结相关知识，培养归纳知识的能力，达成更好的认知目标。

（四）情感态度与价值观——医者仁心的培养

（1）在医患沟通方面：介绍病史知识时，提醒学生要关爱患者，要耐心、仔细地倾听患者的诉说，和患者要有好的沟通，尊重患者，同时辅以专业的技巧，以便准确、全面地采集病史，为正确的诊断、治疗打好基础。

（2）在体格检查过程中：建立爱伤观念。强调如果某些检查会引起患者痛苦的话，要特别注意，不能不顾患者的痛苦而强行完成检查，应该暂停检查，换一种方式或者取消该检查。这是优良医德医风的表现，也是医者仁心的反映，但学生刚开始临床实践时由于缺乏经验，容易犯此错误，所以需要注意。

（3）在治疗方案选择过程中，加强对知情同意及医学伦理思想的培养：有很多骨科疾病首先是使用保守治疗，而非手术治疗。提醒学生也要同样重视保守治疗，因为现实中很多患者是可以通过保守治疗治好疾病的，保守治疗同样需要医生详细耐心的介绍，让患者充分理解、配合。

三、教学重点与难点

（一）教学重点

（1）股骨头坏死的临床表现（分期）与诊断。

（2）股骨头坏死的治疗原则。

（二）教学难点

1. 难点一：股骨头、颈血供和股骨头坏死的关系

难点分析：股骨头、颈的血供不能直视，解剖位置深入，学生在解剖课也难观察清楚，但血供和股骨头坏死的发生关系密切，学生不易理解结构和功能的关系。

针对的教学手段：

图片、模型展示：把股骨头、颈的血供和其邻近的结构通过解剖大体图谱幻灯片展示，结合髋关节疾病的病例，把血供的解剖位置和股骨头坏死的结构联系起来。

2．难点二：股骨头坏死的临床表现（分期）

难点分析：处于不同期的股骨头坏死的临床表现不一，从影像学到临床分期和临床表现，内容较多，学生容易混淆且不易记忆。

针对的教学手段：

图片、模型展示：以股骨头坏死不同期的病理改变为纲，通过展示坏死的模式图，让学生理解记忆相应的影像学变化、临床分期和临床表现的演变过程，都是随着病理学改变进行的。教会学生“病理—临床”的关系。

3．难点三：股骨头坏死的治疗方法的选择

难点分析：股骨头坏死的治疗方法多，不同的分期、不同的年龄选择也不一样，治疗方法有很多新的进展，面对不同的病例（不同年龄、不同病情等），学生对合适的治疗方法容易产生迷惑。

针对的教学手段：

围绕病理生理变化，解释治疗方法针对的病理生理环节。结合病例讲解选择不同治疗方法的依据，使学生明白要从病史入手，结合临床表现、体查、影像学检查明确是本病诊断后，还要兼顾病程长短，推断出疾病所处的阶段，结合患者的意愿、日常症状，再综合做出治疗方法的选择。

四、教学策略与方法

（一）案例式教学（讲授过程紧密围绕临床案例）

对本疾病的基本知识、基本理论进行口头讲授，配合多媒体、视频、动画、解剖标本图片及大体模型等，结合肢体语言的表达，引导学生掌握相关知识。

（二）以学生为主体讨论法（PBL 教学法）

引导学生利用前期已掌握的知识，针对本病知识，预先设置临床问题和临床情景，围绕该问题让学生展开递进式讨论，深化对相关知识的认识和理解。

（三）直观演示法

演示解剖标本、图片、关节镜手术和大体手术图片，让学生理解结构是功能的基础，加深对疾病改变、临床表现的认识。

（四）自主学习法

课前预习任务：熟悉本疾病的解剖、病理知识，带着问题进入课堂。

课后布置作业：让学生通过复习、利用网络资源、查阅相关文献等方式寻找答案，把疾病相关知识纵横联系起来，培养学生的学习习惯和自主学习能力。

（五）现场教学法

在临床见习、实习阶段，在门诊、病房等实际医疗活动场所进行现场教学，注重临床实践能力的培养。

五、教学资源

（一）线上+线下资源

1. 国家级虚拟仿真操作项目平台

本平台同时具备线上+线下功能：线上可通过电脑进行技能操作、理论知识学习等，线下在临床技能中心 VR 虚拟仿真实验室中进行技能实践操作。

2. 主讲教师的个人头条号

经专业认证的个人头条号（健康类头条号 TOP 50），已发布超过 900 篇文章、视频，粉丝数超过 3.1 万人，单条阅读量最多超过 100 万人次，多数超过 10 万人次。

每 1 条内容都是一个骨科病例故事，包括病史、影像学资料、治疗经过、治疗效果等，还有临床思路的分析，能大大增加学生学习的病例资源。

（二）临床病例库

本院拥有丰富的临床病例库，包括病历和检验的 His 系统、影像学 PACS 系统等，能提供丰富的各种病例资料。

六、教学过程设计与实施

本节课教学过程设计与实施如表 1 所示。

表 1 教学过程设计与实施

教学内容及师生活动内容设计	教学形式和手段	时间安排
股骨头坏死（Necrosis of the Femoral Head） 课程导入： 通过中国女排前总教练郎平髋关节置换治疗的例子，引入曾被称作骨科“不死的癌症”的疾病，激发学生学习兴趣	课前通过“雨课堂”发布预习材料和课程习题	2 min
一、目的要求 介绍本节课的教学内容，强调重点内容，让学生理解本节课的重点，使听讲更具针对性。 掌握：股骨头坏死的临床表现与诊断；股骨头坏死的治疗。 熟悉：股骨头坏死的病理变化和临床分期。 了解：股骨头坏死的病因		1 min

续上表

教学内容及师生活动内容设计	教学形式和手段	时间安排
二、股骨头坏死的定义 股骨头血供受损或中断，引起骨细胞、骨髓死亡，继而导致股骨头结构改变，股骨头塌陷，引起患者关节疼痛、关节功能障碍的疾病。 ＊常见、难治疾病之一	把握病理学改变	3 min
三、股骨头坏死的病因 1. 病理学上：无菌性骨坏死/无血管性骨坏死，实际上是骨梗死(infarction)。 2. 发病机制：存在争议，遗传易感、代谢因素、影响血供局部因素联合作用。 3. 股骨头、颈的血供的四个来源：旋股内、外侧动脉，闭孔动脉，股骨滋养动脉。大部分从关节囊进入，旋股内侧动脉最为重要。 4. 病因： ①创伤性：股骨颈骨折、髋关节外伤脱位、股骨头骨折。 ②非创伤性：肾上腺糖皮质激素、乙醇中毒、减压病、镰状细胞贫血、系统性红斑狼疮、特发性股骨头坏死等。 ＊埋下疑问：针对病因，哪些措施可能对预防股骨头坏死有帮助？	病因种类多，有些没有定论，需要如何预防？	5 min
四、股骨头坏死的病理变化 损害程度取决于血液循环阻断的范围及时间的长短。早期，滑液能提供营养，及时修复可以好转/治愈。否则，发展为典型的缺血性坏死表现。 1. 肉眼观察（关节镜）：早期滑膜增厚、水肿、充血——关节软骨下沉——软骨龟裂、剥脱——股骨头变性等。 2. 显微镜观察： A 层：关节软骨 B 层：坏死的骨组织 C 层：肉芽组织 D 层：反应性新生骨 E 层：正常组织	形象化教学，重点让学生理解，病理变化是影像学变化、临床分期的基础	6 min

续上表

<table>
<tr><th>教学内容及师生活动内容设计</th><th>教学形式和手段</th><th>时间安排</th></tr>
<tr><td>五、股骨头坏死的临床表现
1. 病史：外伤、酗酒、应用激素等。
2. 症状：腹股沟、臀部、大腿部的关节痛，偶伴有膝关节痛；疼痛间断发作、加重；双侧病变可呈交替疼痛。
3. 查体：腹股沟区深部压痛，放射痛，“4”字试验阳性；内收肌压痛，髋关节活动受限</td><td>伴有膝关节痛有时容易误诊</td><td>6 min</td></tr>
<tr><td>六、股骨头坏死的诊断技术
1. X线平片。(正位＋蛙式位)
诊断中不可替代，但看到股骨头密度改变至少需要2个月或者更长时间。
分四期：
Ⅰ期：软骨下溶解期，“新月征”
Ⅱ期：股骨头修复器，密度减低及囊性改变
Ⅲ期：股骨头塌陷期
Ⅳ期：股骨头脱位期
2. CT。
早期发现细微骨质改变，确定是否存在骨塌陷，显示病变延伸范围，指导治疗；CT较X线平片敏感，但不如MRI和核素扫描敏感；CT三维重建可以评价股骨头变性和塌陷程度。
3. MRI。
有效的非创伤的早期诊断方法。股骨头前上方异常信号，双线征。
4. 放射性核素扫描及γ闪烁照相。
早期诊断；核素扫描热区中有冷区可确诊。
5. 组织学检查。
大程度被MRI取代，创伤性操作，可靠手段。
＊思考与互动：对于怀疑股骨头坏死的患者，应该如何选择上述的检查，才能尽早被发现，减少漏诊？</td><td>结合各期的各种影像学片，读片、分析，启发式教学

各种检查方法各有利弊，应建立全面的临床思维，避免片面</td><td>8 min</td></tr>
</table>

续上表

<table>
<tr><th>教学内容及师生活动内容设计</th><th>教学形式和手段</th><th>时间安排</th></tr>
<tr><td>七、股骨头坏死的临床分期
目前很多分期系统，国际骨循环研究协会（Association of Research Circulation Osseous，ARCO）分期使用较广泛：
0 期：诊断检查正常，仅组织学检查诊断；
1 期：X 线平片和 CT 正常，MRI 及活检阳性；
2 期：影像学阳性，股骨头无塌陷（无新月征）；
3 期：X 片或 CT 见圆顶早期变扁，新月征；
4 期：X 片见股骨头变扁及关节间隙变窄，骨关节炎其他改变。
＊思考：临床分期的作用是什么？如何指导治疗？</td><td>把分期和病理学病变联系起来</td><td>3 min</td></tr>
<tr><td>八、股骨头坏死的治疗
明确诊断、病因、分期，考虑患者年龄、身体一般状况、单侧还是双侧受损、劳动能力、日常活动水平等因素，根据具体情况制定最佳个性化方案。
1. 非手术治疗：
适用非负重面坏死且病灶范围小，头外形基本正常且广泛硬化病例。
保护性负重、药物治疗、物理治疗、康复锻炼。
2. 手术疗法：
髓芯减压法
带血管蒂移植
截骨术（保髋）
关节置换术</td><td>强调个性化方案的选择需要考虑具体因素，课中插入临床案例</td><td>8 min</td></tr>
<tr><td>小结：
股骨头坏死
定义
病因
病理
诊断
临床表现
专科体查
影像学检查
治疗
手术
非手术
康复
髓芯减压术
骨瓣移植
旋转截骨
髋关节置换</td><td></td><td>2 min</td></tr>
<tr><td>作业：
1. 如何诊断一个髋关节痛的患者是否有股骨头坏死？
2. 登录我院的国家虚拟仿真教学项目平台，线上完成本课程相关实践练习</td><td></td><td>1 min</td></tr>
</table>

七、教学评价

本节课的教学目标是掌握股骨头坏死的基本知识和诊断治疗，具备对该疾病的初步临床分析能力。本节课以公众人物的病例引入，以疾病的病理生理改变为核心展开教学。

教学评价围绕教学目标进行，包括诊断性评价、形成性评价和总结性评价。

（一）诊断性评价：根据学生的前期学习表现来评价教学效果

对学生在本节课之前的学习表现以及在其他课程中的表现加以了解，对本课程的设计加以参考。通过学生之前的课堂表现和前期作业情况，掌握学生的学习特点、知识结构、思维习惯，从而对学生进行诊断性评价。通过学生的学习特征和相关能力的诊断，决定本节课的组织过程和教学方式。

（二）形成性评价：根据学生课堂讨论表现、课堂测试结果来评价教学效果

学生的课堂表现能够反映出教师的部分教学效果。针对以上教学目标，课堂以“教师讲解＋课堂讨论”的方式进行，从而把握学生对知识点的认知和理解程度。通过病例引入内容，把各个知识点围绕病例生理学这一核心串联起来，在重点、难点问题上会组织学生讨论以及设置问题让学生回答。通过讨论气氛以及回答情况，可以及时了解课堂教学的情况。

课堂上通过“雨课堂”对知识点进行测试能实时获得学生掌握知识点情况的反馈，根据此反馈如有必要可在今后的教学过程中做适当调整。

（三）总结性评价：根据学生的课后作业来评价教学效果

课堂最后将发布 1 道思考题和 1 份实践作业，让学生在课程结束后，能够及时复习本堂课的内容。书面作业一方面考查学生对课堂知识的理解、掌握与运用程度，另一方面考查学生临床思维能力。实践作业要求学生在国家虚拟仿真教学项目平台完成本课程相关的实践练习，并通过测试模式，后台能自动评分，教师通过评分能学生的实践能力进行评价。

八、教学反思

本节课教学内容是股骨头坏死，一种常见的股骨头缺血导致的髋关节疾病。学生在日常生活中可能也遇到过相关的病例，但是缺乏对其病理改变、临床表现和治疗的认识，教学重点是该病的临床表现、诊断与治疗。

（一）教学理念

着重强调了医者仁心、以患者为中心的理念。除了介绍疾病的相关知识外，在讲

解体格检查中强调了爱伤观念和医患沟通问题，因为这往往是学生缺乏经验和容易忽视的。在讲解治疗方案时，着重强调了个性化的治疗方案，希望学生除了掌握医学专业知识，更要关心患者，从患者角度去思考。从课堂现场的反馈效果看到，这一目的基本达到了。

不足之处以及改进方向：未能进一步结合股骨头坏死的病例，去讲解爱伤观念和医患沟通的细节。理论和实际的结合还有差距，今后在教学中需要把医学和人文更好地、自然地结合。

（二）教学内容

采用了案例引入的启发式教学，引用郎平教练和现实患者的病例，围绕“骨细胞坏死→股骨头坏死”这一病理改变中心，分别对诊治等内容展开教学，综合利用了模型、多媒体动画、手术视频等手段进行教学。既有基础重点内容，也有治疗新进展等高阶内容，鼓励学生们去探索和创新。

不足之处以及改进方向：股骨头坏死的发病机制讲解得还比较肤浅，只是提出了问题，但没有深挖；骨细胞坏死的过程和临床表现从轻到重演变的联系没有讲透。今后在教学中，需要把病理改变机制和临床表现的具体症状联系起来讲解、分析。例如，股骨头细胞坏死引起疼痛和活动障碍的具体机制是什么，深入分析这一点更有利于学生理解本节课的重点内容。

（三）教学过程

按照教学设计展开的教学过程，总体比较顺利。在一些节点中设置了问题以及进行了互动和提问，设置学生感兴趣的和知识相关的问题。结合时事、自身经历、著名专家的成长经历，鼓励医学生们坚定努力成才、成长的信心，多参与社会实践，承担社会责任。

不足之处以及改进方向：在教学内容衔接的过程中，有时候太生硬，不够自然，不能顺畅地由上一个内容引出下一个内容，教学的思维还不够连贯，例如开始介绍临床表现时不够熟练。今后在备课时，要在内容的熟悉和衔接上做更多、更好的准备工作，对教学过程要有更充分的准备。在提问互动的过程中给出的思考时间还不够，今后要注意留给学生充分的思考时间。

思想政治理论课组

科学技术在社会发展中的作用

华南师范大学　张永刚（思想政治理论课组）

作者简介：张永刚，男，华南师范大学马克思主义学院教授、博士。主要讲授“马克思主义基本原理概论”“马克思主义哲学”等课程，主要从事人的发展理论、马克思主义基本原理研究。主持社科规划项目7项，发表学术论文20余篇。先后荣获2016年广东省高校思想政治理论课青年教师教学基本功比赛一等奖、第八届华南五省区高校思政课教师教学基本功大赛一等奖、2018年广东省高校（本科）教学成果奖二等奖、2018年广东省第四届高校（本科）青年教师教学大赛一等奖、2019年首届全国高校思想政治理论课教学展示一等奖、2019年广东省“我最喜爱的思政课老师”、2020年广东省第五届高校（本科）青年教师教学大赛思想政治理论课组一等奖、2020年第五届全国高校青年教师教学竞赛一等奖等。

课程名称：马克思主义基本原理概论
学时：1学时

一、学情与内容分析

（一）学情分析

本班学生为来自历史文化学院（文科）、心理学院（文理兼收）、计算机学院（理科）与美术学院（艺术）4个学院的大二学生。

1. 理论基础

本专题内容在高中政治教材中属于非必修内容，因而仅少部分文科学生具有一定的理论基础，但并不系统；理科和艺术学生对本专题内容的认识主要来自于生活体验，理论基础相对薄弱，个别学生尤其欠缺。

2. 学习态度

一方面，由于本专题的关键词“科技”常讲常新，学生对本专题热点抱有期待感和探索欲；另一方面，由于知识基础的层次不同，文科、理科与艺术三类学生的学习热情也存在差异，总体呈现递减的情况。

3. 认知特点

大部分学生经过马克思主义基本原理的学习，逐步锻炼与提升了辩证思维与理性思考能力，对问题的思考层层深入，由表及里。此外，直观的学习方式指向性明确，趣味性也更强，历史文化学院学生对文本探究、理论推演感兴趣，其他大部分学生更加喜欢在创设问题的前提下通过现实案例、图片、表格等直观方式来学习并总结观点。

4. 采取方式

本专题坚持问题导向，以问题链的形式开展专题探究，以“人是机器？机器是人？”这一问题来导入学习“科学技术在社会发展中的作用”，帮助学生理解科学技术的社会功能，辩证看待科学技术在社会发展中的作用。引导学生在运用知识的同时回应疑惑，使学生既能够做到对科技社会作用双面性的相关知识进行正确把握与总体梳理，又能够做到自觉将原理知识化为现实回应，最终实现灌输性与启发性的统一。

（二）内容分析

本专题对应《马克思主义基本原理概论》第三章第二节第四部分“科学技术在社会发展中的作用”的内容。这是马克思主义唯物史观的重要内容，是教材规定的教学知识点，也是课后思考问题之一。该部分不仅需要学生深刻理解科学技术作为社会历史发展的重要动力，更要从现实层面辩证分析科学技术与社会发展以及人类进步之间的关系。

二、教学目标

通过对“人是机器？机器是人？”这一问题的回应，学生能够系统体会科技给社会带来的深刻变化，深刻理解科技在社会发展中的作用，正确把握其对经济社会发展、社会生产方式和生活方式的影响，既关注科技对社会发展的推动作用，也能正视其所带来的负面影响。明确人与科学技术的关系，从而帮助学生培养正确的科技观，理性看待科学技术的发展，始终坚持科学技术为人类健康发展服务、为人类造福的价值观。

三、教学重点与难点

正确把握科学技术的社会作用是本专题的教学重点，也是教学难点。在解决这一教学重点、难点的时候，将以问题意识为主导，从正、反两方面分析科学技术的影响，通过文本分析与现实对照，帮助学生理解马克思主义的批判逻辑，即批判物背后的关系，从而正确认识和使用科学技术，让科技为人类造福。

四、教学策略与方法

（一）坚持立德树人的价值目标

教学始终坚持理论与实践相统一的原则，基于历史唯物主义的立场与方法，从现实问题入手厘清知识点结构。本专题专注现实热点与学生疑点，在教学中始终坚持将现实问题与经典观点相呼应、正面案例与反面教训相对照、理论内容与理论逻辑相统一，运用马克思主义的立场与方法，结合学生知识背景和知识盲点，调动学生自主探究的兴趣，在探究中帮助学生辩证分析科学技术在社会发展中的作用，确立要正确运用科技，使科学技术为人类社会的健康发展服务、让科技为人类造福的价值观，以实现立德树人的目标。

（二）实施学生中心的教学理念

本专题结合新时代思政课建设的需要和“00”后学生的思维模式与学习习惯，以专题形式开展教学，在课堂中专注学生疑惑，坚持问题导向并开展“问题链”式教学，坚持以教师为主导、学生为主体，师生参与一体化教学，充分利用信息化教学平台，实现学生的“获取信息—分析信息—总结观点”自主探究链，“学习—探究—阅读—反馈”互动学习模式，保证课程教学的时效性与创新性。

（三）采取“八个统一”的教学策略

本专题基于问题导向，基于“人是机器？机器是人?”创设问题导入课程教学，注重将“八个统一”融入教学。教学过程中重视理论知识的运用，锻炼学生学理、用理的综合能力，又着重凸显价值导向，坚定正确运用科技，使科学技术为人类社会的健康发展服务、让科技为人类造福的价值导向；教学过程中既阐述正面案例，又分析反面教训，在对比中实现建设性与批判性的统一；教学过程中既注意发挥教师的引导与辅助作用，又强调挖掘学生的独立思考与团队协作能力，实现主导性和主体性的统一、灌输性与启发性的统一等，不断提高课程教学的思想性、理论性、亲和力和针对性。

五、教学过程设计与实施

扫一扫
获取教学课件

本节课教学过程设计与实施如表 1 所示。

表 1　教学过程设计与实施

教学过程	教学内容		设计意图
	教师活动	学生活动	
导入新课 （4 分钟）	【导入新课】 回顾“人工智能能取代人脑吗？——意识的本质”专题内容，思考问题机器与人的关系，引出新课内容：科学技术在社会发展中的作用	同学们在线上平台留言讨论“人是机器？机器是人？”这一争议性话题	通过课前线上讨论，联系之前学习内容，引设思考问题，激发学生的求知欲，将学生引入新课环节
新课讲解（共 35 分钟）	**一、科学技术的推动作用和革命力量(12分钟)** 【观点引入】 “在马克思看来，科学是一种在历史上起推动作用的、革命的力量。”（恩格斯《在马克思墓前的讲话》） 【立论阐述】 马克思充分肯定了科学技术对社会的推动作用，总体逻辑是科学技术推动生产力发展，生产力发展推动产业变革，产业变革推动社会革命，社会革命推动社会形态不断从低级向高级进步，最终实现人的自由而全面的发展。 1. 科学技术推动社会进步 观点 1：科学技术对生产力诸要素作用。 科学技术 武装劳动者，提高劳动者素质，劳动能力不断提升 劳动资料飞跃发展 拓展劳动对象 【教师讲解】 马克思虽然从未正式提出科学技术是第一生产，但从他的一些话语里，我们可以看出，马克思非常强调科学技术对生产力的作用，认为科学技术就是生产力。 （1）科学技术武装劳动者。 【案例证明】 科技武装农民的头脑——河北平山县职业教育中心创新培养新型职业型农民。	学生阅读《在马克思墓前的讲话》中关于科技的推动作用和革命力量，思考科学技术起积极作用和力量的表现有哪些。 学生根据教师的引导，将理论结合实际，分析科学技术对劳动者、劳动资料和劳动对象所产生的积极影响来理解科学技术是如何推动生产力发展的。	基于“科学技术的推动作用和革命力量”的理论逻辑与现实逻辑，引导学生思考科学技术的推动作用和革命力量体现在哪些方面，使学生初步形成科学技术推动社会进步，影响着人们的生产方式、生活方式和思维方式的认识

续上表

教学过程	教学内容		设计意图
	教师活动	学生活动	
新课讲解（共35分钟）	(2) 科学技术导致劳动资料的飞跃发展。 【案例证明】 农业种植工具的变化发展。 (3) 科学技术拓展劳动对象。 【案例证明】 人类的足迹已经涉及月球和火星。 观点2：科学技术加速产业结构升级。 【数据证明】 改革开放40多年以来，我国经济发展和产业结构发生了巨大变化。就增加值而言，2013年第三产业首次超过第二产业，2015年服务业超过第一、第二产业的总和，进入以服务业为主导的新阶段。 【案例证明】 三次科技革命催生新兴行业领域发展。 **三次科技革命** 3 20世纪中期后 ✓ 原子能、电子计算机、空间技术等高科技 ✓ 信息社会或知识经济形态转化 2 19世纪末—20世纪初 ✓ 电力 ✓ 生产力迅猛发展 1 18世纪70年代 ✓ 蒸汽机 ✓ 资本主义生产方式 观点3：产业革命推动社会革命。 【文本阐释】 “随着新生产力的获得，人们改变自己的生产方式，随着生产方式即谋生的方式的改变，人们也就会改变自己的一切社会关系。手推磨产生的是封建主的社会，蒸汽磨产生的是工业资本家的社会。”（《马克思恩格斯选集》第1卷，2012年版） 2. 科技对生产方式、生活方式和思维方式的影响 (1) 科技对生产方式产生了深刻影响。 【阐释观点】 科学技术改变社会生产力的构成要素，改变了脑力劳动和体力劳动的比例；科学技术改变人们的劳动形式，人们的劳动方式经历了由机械自动化走向智能自动化；科学技术改变了社会的经济结构，尤其是产业结构的变革，产业结构的变革使得就业结构也相应发生变化。	学生思考改革开放40多年来我国经济与产业结构发生巨大变化的原因、科学技术如何加速产业结构的升级？ 学生通过教师引导与自我思考，初步形成科学技术推动社会进步的逻辑思路。	

续上表

<table>
<tr><th rowspan="2">教学过程</th><th colspan="2">教学内容</th><th rowspan="2">设计意图</th></tr>
<tr><th>教师活动</th><th>学生活动</th></tr>
<tr><td>新课讲解（共35分钟）</td><td> 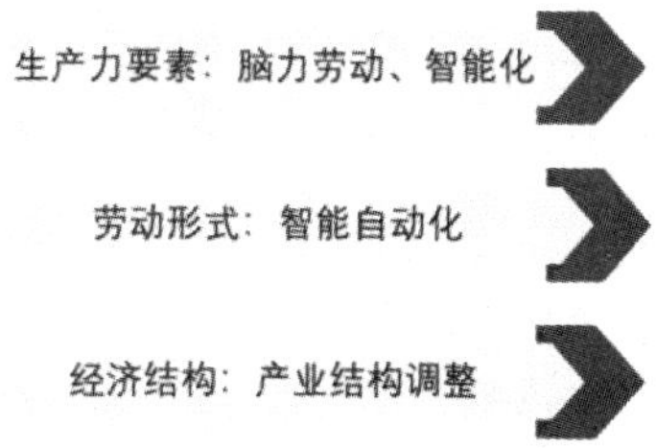生产力要素：脑力劳动、智能化
劳动形式：智能自动化
经济结构：产业结构调整
【案例证明】
◆劳动密集型企业——→技术创新型企业  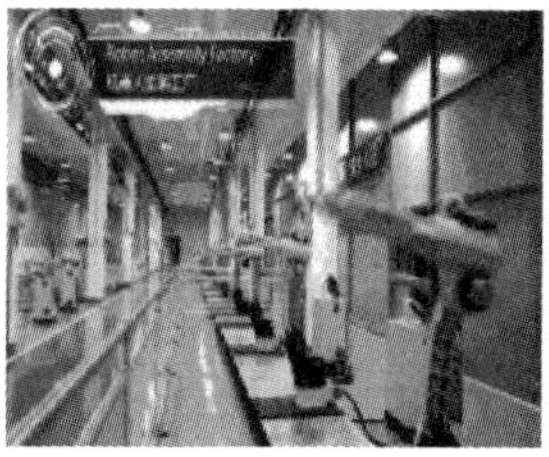
◆科技在农业中的运用
过去农业采用人工作业——→现在机械化农业  
（2）科学技术对人类生活方式的影响。
【教师引导学生思考】
想象你没有带手机出门的一天。
【图片论证】
互联网对生活的影响。（购物、通信、出行、学习……）
【数据论证】
新冠肺炎疫情期间，在线教育类APP为学生复学提供了新的方式。</td><td>学生联系现实，结合自己的日常生活，从衣食住行和学习工作各方面来深刻感受科技给我们的生产方式、生活方式、思维方式所带来的积极影响，进一步理解科技的推动作用和革命力量。</td><td></td></tr>
</table>

续上表

教学过程	教学内容		设计意图
	教师活动	学生活动	
新课讲解（共35分钟）	（3）科技改变人类思维方式。 ①科技革命引起思维主体发生的变化。 ②科技革命引起思维客体发生的变化：人类的思维活动在宏观和微观两个方向拓展延伸。 宏观：认知界限提高到几百光年以外。 微观：强子、电子、质子、夸克等。 ③科技革命引起思维工具发生的变化。 新的思维方法层出不穷：结构功能法、控制方法、择优法、系统方法、信息法等。 新的思维工具出现：生物技术、微电子技术、空间技术、信息技术等。 【教师小结】 现代科学技术进步带来先进的物质技术手段、理论思维工具让人类能够有效应对与处理社会实践活动中的新问题、新对象。随着现代科技革命的不断深入和拓展，经济全球化和信息全球化进程加快，知识经济时代已经到来，要求我们对新的思维方式要有全新的理解和掌握，要适应时代的发展，必然需要具备和懂得运用现代社会的思维。 **新型冠状病毒核酸检测剂** 　**新型冠状病毒灭活疫苗** 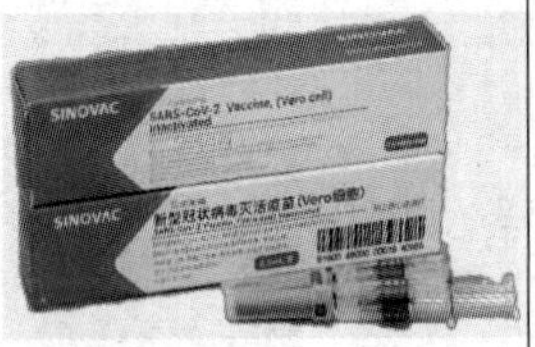 小结：科学技术是社会发展的重要动力，给我们的生产、生活方方面面带来了便利，是推动经济社会发展的强有力杠杆	由学生自行讨论“没有带手机出门，我们的生活会遇到哪些问题?”引出科技与我们的生活已经融为一体，我们的生活已经离不开科学技术。人们的衣食住行均与科技有关	
	二、科学技术（滥用）的负面影响（12分钟） 【课程衔接】科学技术作为第一生产力，给人类带来巨大福祉的同时，也给人类带来了负面影响，如环境污染、资源枯竭、人口膨胀、信息安全、生物制品和生态安全等问题一一呈现在人类面前，使人类犹如刚才睡梦中醒来，真正领会到科学技术的“双刃剑”作用。科学技术带给人类的负面影响、引起负面影响的原因以及应该如何解决科技的负面影响是我们共同关注的问题。		

续上表

<table>
<tr><th rowspan="2">教学过程</th><th colspan="2">教学内容</th><th rowspan="2">设计意图</th></tr>
<tr><th>教师活动</th><th>学生活动</th></tr>
<tr><td>新课讲解（共35分钟）</td><td>提问：科技的负面影响有哪些？
【教师引导】
科学技术给我们带来了哪些负面影响，请举例说明。
1. 科技对自然界的破坏
【案例1展示】
1952年伦敦烟雾事件。
1952年12月4日至9日，20世纪十大环境公害事件之一，当月死亡4 000多人，次年1月、2月加起来共死亡8 000余人。
【案例2展示】
1961年日本四日市事件。
四日市位于日本东部海湾。1955年这里相继兴建了十多家石油化工厂，化工厂终日排放含SO_2的气体和粉尘，使昔日晴朗的天空变得污浊不堪。1961年，呼吸系统疾病开始在这一带发生，并迅速蔓延。据报道，患者中慢性支气管炎占25%，哮喘病患者占30%，肺气肿等占15%。1964年这里曾经有3天烟雾不散，哮喘病患者中不少人因此死去。1967年一些患者因不堪忍受折磨而自杀。1970年患者达500多人。1972年全市哮喘病患者871人，死亡11人。
【文本阐释】
“不要过分陶醉于我们人类对自然界的胜利。对于每一次这样的胜利，自然界都对我们进行报复。”“因此我们每走一步都要记住：我们……决不像站在自然界之外的人似的去支配自然界——相反，我们连同我们的肉、血和头脑都是属于自然界和存在于自然界之中的；我们对自然界的整个支配作用，就在于我们比其他一切生物强，能够认识和正确运用自然规律。”（恩格斯《自然辩证法》）
【教师小结】
随着科技的发展，人们对自然的了解和驾驭能力越来越强，人类在战胜自然的同时，也引发了很多环境问题。</td><td>学生思考科学技术除了有积极影响外，是否也存在弊端，如果存在弊端，又会体现在哪些方面呢？带着问题进入本节课第二部分——科学技术的负面影响。

联系现实生活，举例说明科技给我们所带来的冲击。</td><td>从科技的“双刃剑”出发，例举诸多科技破坏自然界、科技束缚人的发展等例子，来辩证地分析科学技术的作用，使学生明白科技是存在负面影响的。同时，教导学生认识到科学技术的利弊是重要的内容，但是关键在于使学生明白如何消除科技的异化，让科技真正成为历史的有力杠杆</td></tr>
</table>

续上表

<table>
<tr><th rowspan="2">教学过程</th><th colspan="2">教学内容</th><th rowspan="2">设计意图</th></tr>
<tr><th>教师活动</th><th>学生活动</th></tr>
<tr><td>新课讲解（共35分钟）</td><td>【过渡衔接】
按照马克思的逻辑，科学技术不仅对自然界进行破坏，同时还对人加以控制，必须要意识到此逻辑。
2. 科技在资本主义条件下对人的控制
【引经据典】
19世纪的资本主义：“由于推广机器和分工，无产者的劳动已经失去了任何独立的性质，因而对工人也失去了任何吸引力。工人变成了机器的单纯的附属品，要求他做的只是极其简单、极其单调和极容易学会的操作。”（《共产党宣言》）
20世纪以后的资本主义：资本主义制度下，机器大生产和严密的分工制度，使生产被分割成无数的具体环节和方面，与生产连接的工人也就成了整个生产过程中个别的零部件，丧失了整体性，沦为单向度的人。（马尔库塞《单向度的人》）
【案例证明】
（略）
【教师小结】
在资本主义条件下，科技与人的地位关系发生了颠倒，科技发生了异化，它降低了人的主体地位，使人沦为机器的奴隶。人开始被动地适应科技发展，成为现代科技及其产品的崇拜者，人的类本质不断弱化，成为一个个孤立的点。
提问：科技异化的根源是什么？
【理论支撑】
基于劳动异化到科技异化的过程，揭示科学技术异化的最终根源为“机器的资本主义应用”。
【引用观点】
马克思强调：“同机器的资本主义应用不可分离的矛盾和对抗是不存在的，因为这些矛盾和对抗不是从机器本身产生的，而是从机器的资本主义应用产生的！”（马克思《资本论》）</td><td>通过文本分析，辩证理解科技是一把“双刃剑”，思考科技异化的表现以及理解科技异化的根源。</td><td></td></tr>
</table>

续上表

教学过程	教学内容		设计意图
	教师活动	学生活动	
新课讲解（共35分钟）	3．如何消除科技异化？ 【教师引导】 如何解决科技异化的问题？ ①增强人在发展和应用科技过程中的主体意识； ②树立以人为本的科技发展观； ③建立科学、长效的科技价值评价体系。 【联系现实】 如何摆脱科技异化下的低头族问题？ 【教师小结】 要实现人的解放，必须将资本主义科学通过解构和去弊，使之成为自由的科学，自由的科学有其内在的三重维度	学生联系现实思考：如何摆脱科技异化下的低头族问题？	
	三、联系实际、回应问题、明确观点（11分钟） 【文本观点】 “科学是历史的有力的杠杆”，“科学是最高意义的革命力量”。（马克思） “在我们这个时代，每一种事物好像都包含有自己的反面。我们看到，机器具有减少人类劳动和使劳动更有成效的神奇力量，然而却引起了饥饿和过度的疲劳。财富的新源泉，由于某种奇怪的、不可思议的魔力而变成贫困的源泉。技术的胜利，似乎是以道德的破坏为代价换来的。”（马克思《在〈人民报〉创刊纪念会上的演说》） 【联系实际】 “科技兴则民族兴，科技强则国家强！”（习近平总书记）“苟日新，日日新，又日新。”（《礼记·大学》）	学生联系实际，进一步明确科技既有积极作用，也有负面影响，科学技术本身是中立的，关键在于我们应该如何正确运用科技	联系现实，回应问题，明确科学技术具有两面性，将知识讲授落实到实践维度

续上表

教学过程	教学内容		设计意图
	教师活动	学生活动	
总结思考（6 分钟）	【观点辨析】 通过以下两种观点辨析，进一步理解科学技术的两面性。 （1）消极维度：1968 年，哈贝马斯在《作为“意识形态”的技术与科学》提出“科学技术是第一生产力”。 （2）积极维度：1988 年 9 月，邓小平根据当代科学技术发展的趋势和现状，提出了“科学技术是第一生产力”论断	思考两种观点，辩证看待科学技术的社会作用	通过两种观点的辨析，帮助学生进一步辩证理解科学技术的两面性，从而巩固教学目标

六、教学评价

本专题旨在帮助学生辩证分析科学技术在社会发展中的重要作用，使学生学会合理运用科技。教学评价主要分为两种方式：一是登录网络平台完成教师布置的文本阅读和学习视频，并完成思考问题；二是学生可以将其作为期中作业选题，撰写论文。

七、教学反思

“科学技术在社会发展中的作用”基于学生疑惑点与教学重难点，按照“问题意识、价值引领”的教学理念设计讲解，帮助学生整体性理解历史唯物主义视阈中科技的作用。

讲解过程注重体现“八个相统一”，较好做到“三个结合”：第一，理论逻辑与实践逻辑相结合，将马克思主义科技理论与现实案例结合。第二，教师主导与学生主体相结合，始终将学生疑惑“人与机器”问题推进教学各环节。第三，线上与线下相结合，通过线上问题导入、思考问题讨论等环节，采取课上课下、线上线下混合教学模式帮助学生理解知识点。

该讲特色主要有两点：第一，以学生为中心。始终将学生置于教学实施的中心环节，理论讲解与逻辑推演深入浅出，案例选取关照国家战略和“00 后”大学生兴趣。第二，理论与现实相结合。讲透马克思主义科技理论的构思逻辑与理论基点，将全球新冠肺炎疫情、国家科技战略及线上学习融入教学，较好激发学生的学习热情。

为进一步提升教学，需注意两点：第一，案例选取方面注重对比维度，会更好体现马克思科技思想的理论逻辑与内容讲解。第二，进一步将线上资源融入教学环节，对标一流课程“两性一度”，让“马克思主义基本原理概论”克服“时间距离感与现实距离感”，成为最受大学生喜爱的课程。

传承中华传统美德

暨南大学　何小勇（思想政治理论课组）

作者简介：何小勇，副教授，暨南大学马克思主义学院国情教研室主任，主要研究中华优秀传统文化与马克思主义。主持省部级课题 2 项，参与省部级项目 3 项；发表学术论文 10 余篇；出版专著 1 部。曾获广东省高校思想政治理论课青年教师教学基本功比赛一等奖、广东省教育教学成果奖一等奖。2020 年获广东省第五届高校（本科）青年教师教学大赛思想政治理论课组一等奖。

课程名称：思想道德修养与法律基础
学时：1 学时

一、学情与内容分析

大学生对于中华传统美德的认识分析主要集中在表现形式等方面，对于其科学内涵、深刻本质了解较少，需要通过系统阐释中华传统美德的形成及其本质，帮助学生理解中华传统美德的来源和深刻本质并产生文化与自信。

二、教学目标分析

本专题是对教材相关内容的综合整理，目的是系统阐释中华传统美德的形成及其本质。这一专题的设计意图是：根据党的十九大报告所指出的“中国特色社会主义文化，源自于中华民族五千多年文明历史所孕育的中华优秀传统文化，熔铸于党领导人民在革命、建设、改革中创造的革命文化和社会主义先进文化，植根于中国特色社会主义伟大实践”，引导学生认识到，当代中国社会主义道德，是坚持马克思主义道德理论，传承了中华传统美德并进行了创造性转化和创新性发展，发扬了中国革命道德，借鉴吸收人类文明的优秀道德成果，植根于社会主义建设的道德实践，有着丰富的内涵和底蕴。从而在阐释中国传统美德的基本精神的基础上，提出对其进行创造性转化和创新性发展的方法；培养学生对于中华传统美德建设的思考能力，从而形成文化自信，特别是深层次的价值观自信。

三、教学手段与方法

（一）教学手段：以问题为导向

1. 如何对待传统道德的问题

应认识到，现实生活的生产和再生产对道德具有决定性作用，但并不构成道德的唯一决定性因素，应充分重视道德的民族性、历史性和习俗性，传统美德在作用于人的认知和行为习惯，解决当下道德问题等方面具备天然优势；“中华传统美德”作为中华民族特有的道德理念集合体，本身并不具备绝对真理价值及普世性意义，同时，由于生产力和生产关系的巨大差异，无法也不应将“曾有”的传统美德视为“当下”道德体系的全部应然；《关于实施中华优秀传统文化传承发展工程的意见》（以下简称《意见》）和《新时代公民道德建设实施纲要》（以下简称《纲要》）中的“中华传统美德”并非字面意义所指，更宜理解为解决当下社会存在的问题，在特定历史条件下的某类精神内核的再阐述，即进行了创造性转化和创新性发展后能够作用于当代社会的美德形态。

2. 深入做好学理阐释

社会主义道德是人类历史发展高级阶段的道德，吸收了人类文明优秀的道德成果，因而高于历史上的道德形态，同时，当代中国的社会主义道德，又秉承了中国文化基因，继承了中国革命道德。要以马克思主义的真理性、道义性，以中华文化的传统美德，讲清楚其深刻的学理性，阐释社会主义道德的本质，彰显其魅力。在教学方法上，不能就传统美德谈传统美德，重点要突出用马克思主义的基本观点看待和分析传统美德，体现出马克思主义理论的逻辑力量和中华优秀传统文化的契合。引导大学生在传承民族优秀传统、坚定文化自信，学透悟透。

（二）教学方法

本专题要针对社会现实和学生的思想困惑来展开，体现出理论性和现实性。中华传统美德提倡的是高尚的道德，社会主义核心价值观也是需要努力培育和践行的。从个体的角度说，要教育学生用马克思主义道德观看待传统道德，把握住传统美德的基本精神。

“五微一体”：通过在课堂教育中的“微场景”设置，将理论与现实融入情景教育与情境时间，通过课后主题精确、人数精干和内容精准的团队调研，使学生打破传统与现代、课堂与社会的隔阂，把握现实发展的脉络；通过对家庭氛围、名字、校园场景、人物思维和行为方式的观察分析，将中华传统美德的基本精神框架内化于心，同时把握住马克思主义对于中华传统美德的改造。

四、教学路线图

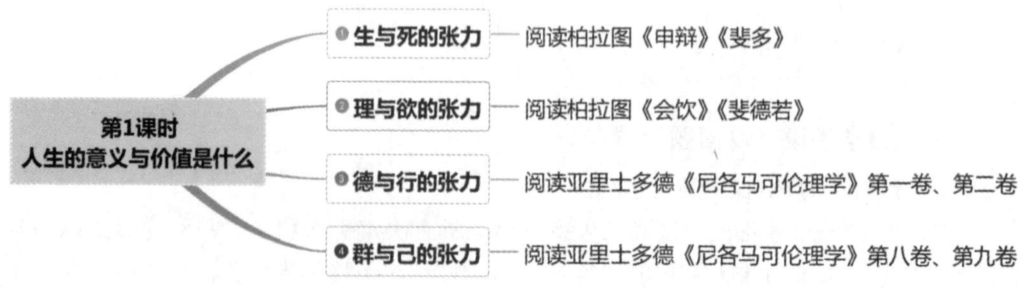

图 1　教学路线图

五、教学过程设计与实施

本节课教学过程设计与实施如表 1 所示。

表 1　教学过程设计与实施

教学内容	思路设计
【问题引入（5 分钟）】 2014 年 9 月 21 日，中国之声《新闻晚高峰》报道，“打不还手，骂不还口，逆来顺受，绝不离婚”，这 16 个字被形容为学堂倡导的“女德”四项基本原则。这类女德班在全国遍地开花：从北京、山东、河北一直绵延到陕西、广东和海南。2018 年 12 月，网传“温州惊现未成年人‘女德班’”一事，温州市第一时间成立由市文明办、市民政局、市教育局、文成县组成的市县联合调查组。责令立即停班，关闭培训点。“女德班”为什么如此有市场？ 解析：在对待传统时，一定要清晰地看到习近平总书记说的是“传统美德”，关键是这个“美”字应该作何理解？	案例导入：引发“如何界定美德”的问题
【讲述知识点一（15 分钟）】 一、如何科学地对待传统道德 （一）解释 结合马克思主义道德观的基本观点，分析考察到的基本原则，揭示社会基本矛盾变化发展对道德演变所带来的影响，以及道德基本特性，帮助学生理解传统道德的内涵及其演变，明确对待传统道德的应有态度。	

续上表

教学内容	思路设计
（二）讲课内容 1. 不存在永恒、终极的道德 恩格斯在《反杜林论》中给出了明确的态度："我们拒绝想把任何道德教条当做永恒的、终极的、从此不变的伦理规律强加给我们的一切无理要求，这种要求的借口是，道德世界也有凌驾于历史和民族差别之上的不变的原则。"① 很明显，上述的行为犯了形而上学的错误。 2. 考察道德须将其置于一定的经济基础中 "人们自觉地不自觉地，归根到底总是从他们阶级地位所依据的实际关系中——从他们进行生产和交换的经济关系中，获得自己的伦理观念。"② 尽管传统道德在一定的历史时期有其产生的根源和价值，但不加批判地继承和全面移植显然不合时宜。 3. 社会矛盾推动道德发展变化 马克思主义认为无须从外部世界获取一种所谓的绝对的道德理念，因为社会秩序内部本身就包含着维系/扶持的力量以及反对/否定的力量，这两种力量以矛盾的形式出现，并在运动变化中推动社会的前进。马克思、恩格斯在《德意志意识形态》中表达了这样的观点：当物质劳动和精神劳动相分离的时候才出现真正的分工，此时的"意识才能摆脱世界而去构造'纯粹的'理论、神学、哲学、道德等等。但是，如果这种理论、神学、哲学、道德等等同现存的关系发生矛盾，那么，这仅仅是因为现存的社会关系同现存的生产力发生了矛盾"③。批判现实，从现实出发寻找解决问题的路径是马克思主义解决社会问题的基本方法，因此，未经现实浸染的先验式理想都将失去合法性。这样一来又出现了一个问题：是不是只用/或者只能，考察经济条件，从现实中寻找符合发展规律的道德呢？ 4. 充分重视道德的民族性、历史性和习俗性 "历史过程中的决定性因素归根到底是现实生活的生产与再生产。无论马克思或我都从来没有肯定过比这更多的东西。如果有人在这里加以歪曲，说经济因素是唯一决定性的因素，那么他就把这个命题变成毫无内容的、抽象的、荒诞无稽的空话。"④ 马克思主义认为如果结合具体的历	掌握科学的方法论：马克思主义道德观的基本观点。

①② 中共中央马克思恩格斯列宁斯大林著作编译局．马克思恩格斯文集：第九卷［M］．北京：人民出版社，2009：99.

③ 中共中央马克思恩格斯列宁斯大林著作编译局．马克思恩格斯文集：第一卷［M］．北京：人民出版社，2009：534－535.

④ 中共中央马克思恩格斯列宁斯大林著作编译局．马克思恩格斯文集：第十卷［M］．北京：人民出版社，2009：591.

续上表

教学内容	思路设计
史条件考察，不同社会中的不同道德形态都具备一定的相对合理性，道德因不同社会历史、民族、经济基础的差别而体现出不同，它总是伴随着社会存在的变化而变化，并对相应的经济基础和社会秩序具有辩护或促进的功能，这将是我们理解在马克思主义语境下传承中华传统美德的逻辑起点。 根据机遇对马克思主义道德观的基本认识，传统美德应该这样看： （1）现实生活的生产和再生产对道德具有决定性作用，但并不构成道德的唯一决定性因素，应充分重视道德的民族性、历史性和习俗性，传统美德在作用于人的认知和行为习惯，解决当下道德问题当面具备天然优势。 （2）“中华传统美德”作为中华民族特有的道德理念集合体，本身并不具备绝对真理价值及普世性意义，同时，由于生产力和生产关系的巨大差异，无法也不应将“曾有”的传统美德视为“当下”道德体系的全部应然。 （3）《意见》和《纲要》中的“中华传统美德”并非字面意义所指，更宜理解为解决当下社会存在的问题，在特定历史条件下的某类精神内核的再阐述，即进行了创造性转化和创新性发展后能够作用于当代社会的美德形态能指	马克思主义道德观视域下传统美德的基本特性。 引出如何从整体上把握传统美德的问题
【讲述知识点二 （20分钟）】 **二、运用科学的道德观把握传统美德的基本精神** （一）解释 从人与自然、人与社会、人与人、人与自身四个维度展开对传统美德基本精神的阐述，借助情景教学法和相关案例分析，引导学生结合自身实际思考如何科学运用道德观思考问题。 （二）讲课内容 人作为类的存在物，所要解决的问题，大致可以分为四个向度：人与自然、人与社会、人与人、人与自身。 1. 人与自然：“天人合一”与“和谐共生” （1）天人有别，应该承认这种区别。“有天有人，天人有分。察天人之分，而知所行矣。”（《郭店楚简·穷达以时》） （2）天人相通，即以天与人有联通关系的观点来认知天、人。“天有其时，地有其材，人有其治，夫是之谓能参。”（《荀子·天论》） （3）天地有自身的规律，不会因人的意志而发生改变。“天不为人之恶寒也，辍冬；地不为人之恶辽远也，辍广。”（《荀子·天论》）	人与自然关系的处理。

续上表

教学内容	思路设计
从“征服大自然”到人与自然的和谐共生、到“绿水青山就是金山银山”，其实是进行了创造性的转化和创新性的发展，与马克思主义也有天然的契合之处。按照我们之前分析的观点，传统美德不是直接的移植，更宜理解为一种创新性发展和创造性转化。	
怎么发展和转化？路径就是：加强对传统美德的挖掘和阐发，实质是剔除其中带有阶级性和局限性的地方，把其中具有当代价值的道德精神发掘出来。   	“两创”实现路径。
2. 人与社会：重视整体利益，强调责任奉献 核心观点是“以公义胜私利”。 《诗经》：“夙夜在公。” 贾谊《治安策》：“国而忘家，公而忘私。” 顾炎武说：“保天下者，匹夫之贱与有责焉耳矣。”——“天下兴亡，匹夫有责。” 一方面，当个体利益与整体利益发生冲突时，以公义胜私利；另一方面，要对整体的发展有所贡献。这也是我们“集体主义”的源头思想。也是中西方道德理念差异很大的地方，比如费正清曾说：“中国的知识分子把批评政府和建言献策的不足当成是自己的义务，而西方的知识分子往往把它当成权利。” 在疫情中我们也可以看到这个传统美德的巨大作用和当代价值。这也是中国人精神世界的一条主脉。	人与社会，以及个体与整体关系的处理。
3. 人与人：注重人伦价值，推崇“仁爱”与“和”原则 传统文化中的“五伦”“五教”都是重人伦价值的体现。君君臣臣父父子子，就是君王要有个君王的样子，父亲要有父亲的样子，儿子要承担起儿子的责任。可以说，注重人伦价值，注重道德义务是中华民族和中华文化非常突出的一个特征。 曾子曰：“吾日三省吾身：为人谋而不忠乎？与朋友交而不信乎？传不习乎？”	个体与个体关系的处理，包括了特定关系和普遍关系。

续上表

教学内容	思路设计
人与人相处，不只是与特定的人相处，还能推广到更大的范围中。中国传统文化中的思维方式是由近及远、推己及人，把人伦的价值推广到对待更多的人身上，就形成了“仁爱”的原则。儒家推崇“仁爱”，墨子也说“兼相爱，交相利”，推崇仁爱，即使要获得个人利益，也要在不损害他人利益、促进他人利益的基础之上。 当我们把整体当成是一个独立的个体时，也涉及与其他的整体之间的关系处理，仍然需要用“仁爱”与“和”的思维，亲仁善邻、协和万邦都是这样的意思，《尚书》里面的思想。现如今中美之间贸易摩擦还没有尘埃落定，涉及我们的民族的底线和人民的利益，要坚决维护，要打，就奉陪到底，但是打便打了，仍然告诉你我们是不愿意打的，你要想谈，随时大门敞开。这种“和”的思想与达尔文主义、弱肉强食的心态有着根本区别。 实现路径：加强对中华传统美德的挖掘阐发，同时用“中华传统美德”字样社会主义的道德建设。因此，为世界提供中国智慧、中国方案，中国传统文化大有可为。 4. 人与自身：向往理想人格，注重道德践履行 《周易》记载：“天行健，君子以自强不息；地势坤，君子以厚德载物。”其一，人应该不断地追求卓越和超越自己；其二，人应该具有良好的德行。儒家经典《礼记·大学》也说：“自天子以至庶人，壹是皆以修身为本。” 怎么做呢？格物、致知、诚意、正心。修身的目的是为了什么呢？只是为了自己高人一等获得精神上的满足和自立吗？不是，他有明确的目的指向，修身为了齐家治国平天下，无论是儒家说的君子、贤人、圣人，还是道家说的真人、至人，都需要修身，儒家更注重现世世界，修身后要把家庭建设好，再有能力，可以去为社会与国家做贡献。人与自身关系的处理绝不限于精神层面，还在于是否能够将道德修养外化为实际行动。如果要观察一个人是否具有高尚的品行与德行，孔子认为一定要“听其言观其行”。通过观察先进，来反观自身，如果做得不够好，就要反省自身，“见贤思齐，见不贤而内自省也”。他的学生，曾子很好地领悟与贯彻了老师的思想，曾子说，我们经常要反省自己：“吾日三省吾身：为人谋而不忠乎？与朋友交而不信乎？传不习乎？”曾子的话被两千年后的王阳明听到了，王阳明根据“传不习乎”这一问写成了一本书《传习录》，里面提到一个重要的概念就是“知行合一”。 关于处理人与自身的关系，以伦理道德为基础的入学心性本体精密理论体系正好是马克思主义关注得较少的东西，为我们提供道德修养、提高人生境界有着积极的促进作用	同样适用于“整体与整体”关系的处理。 人与自身关系处理： （1）自我修养与道德提升； （2）实践精神培养

续上表

教学内容	思路设计
【结论（3 分钟）】 三、结论 中华传统美德是中华民族的宝贵财富，必须加强对中华传统美德的挖掘与阐发，同时用传统美德滋养社会主义道德建设	
【布置作业与预习任务（2 分钟）】 内容略	

六、教学评价

2017 年 1 月，中共中央办公厅、国务院办公厅印发的《意见》指出："实施中华优秀传统文化传承发展工程，是建设社会主义文化强国的重大战略任务。"《意见》将中华优秀传统文化传承发展纳入国家战略层次，并将"中华传统美德"置于发展工程的三个"主要内容"之一。2019 年 10 月，中共中央、国务院颁布的《纲要》将"传承中华传统美德"作为新时代公民道德建设的四个重点任务之一。习近平总书记说："今天，中华民族要继续前进，就必须根据时代条件，继承和弘扬我们的民族精神、我们民族的优秀文化，特别是包含其中的传统美德。"在以马克思主义为指导的中国特色社会主义中，将中华传统美德作为国家战略任务的重要内容和公民道德建设的重点任务，其与中国当下社会的对接与融合何以成为可能将是无法回避的问题。

根据现代教育思想和教学观念，本节课的教学评价主要从诊断性评价、形成性评价和总结性评价这三个方面切入。诊断性评价侧重对学生基础能力的评价，主要依据学生之间的学习表现和进步状况进行评价，以确定学生的基础知识结构、能力素养和思维偏好。形成性评价侧重教学活动的过程评价，主要依据学生的课堂提问、课堂反应和讨论效果进行评价。总结性评价侧重教学活动的总体评价，主要依据学生的课后作业和课后交流进行评价。通过三种评价手段的综合运用，以便及时了解教学过程中取得的成绩和存在的问题，调整或改进教学工作，使教学在不断的测评、反馈、调整的过程中趋于完善，最后达到较好的教学效果。

深刻认识百年未有之大变局（二）

广东工业大学　张芳芳（思想政治理论课组）

作者简介：张芳芳，女，助教，广东工业大学辅导员，主要讲授“形势与政策”“大学生职业生涯规划”“大学生就业与创业指导”“军事理论”等课程，主要研究方向为大学生思想政治教育。参与省级课题 2 项，校级思政课题 3 项，发表思政教育类论文 5 篇。曾获第五届广东高校网络媒体展示节微课二等奖、广东高校第一届新生入学教育微课三等奖等省级奖项 4 项，获校级奖项 8 项，并获得“优秀辅导员”“优秀授课教师”“优秀班主任”“优秀学生会指导老师”“校文体艺术节先进个人”等荣誉称号。2020 年获广东省第五届高校（本科）青年教师教学大赛思想政治理论课组一等奖。

课程名称：形势与政策
学时：1 学时

一、学情与内容分析

学情分析主要包括两个方面：其一是课程知识地图分析，即本节课内容与其他章节内容的关系分析；其二是学生能力构成分析，即学生进行本节课学习的基础能力和学习特征分析。

（一）课程知识地图分析

本节课内容为专题九“大变局中的中国与世界”的第二节“大变局中机遇与挑战同生并存”和第三节“大变局中的中国角色”。第二节从大变局催生新的机遇、大变局充满奉献挑战两方面进行学习，第三节从中国发展振兴是百年大变局的重大变化之一、中国的发展是大变局中的正能量两方面进行学习。前面几个专题已经讲授了中国全面快速发展的现状，学生在此基础上进行本节课的学习。

（二）学生能力构成分析

基于之前学生的预习交流和课程作业情况，考虑到学生对于国际世界整体变化相关知识储备还比较薄弱，理解还比较浅显，还有待完善。因此，本节课着眼于基础性的内容讲解，丰富学生的认知能力，使其能够认清世界变化以及中国的发展情况。本节课期望借助案例帮助学生理解比较陌生的知识，从而保证学生能真正将知识内化于心，期望通过系统学习基础知识，帮助学生逐渐开拓思维新视角。

二、教学目标分析

（一）教学目标

通过本节课的学习，让学生从大变局中机遇与挑战同生并存、大变局中的中国角色两个大的方面进行学习，充分认识到中国开启了与世界深度互动的新阶段，大变局孕育着中国引领时代、塑造时代之机及中国角色之变。

（二）教学要求

（1）一般要求：让学生了解世界变局之因。

（2）较高要求：让学生能冷静分析各种国际现象，全面客观看待中国国际地位变化。

三、教学重点与难点

（一）教学重点

（1）讲清楚世界变局之因。

（2）讲清楚变局孕育之机。

（3）讲清楚中国角色之变。

（二）教学难点

（1）准确把握世界格局和国际秩序深刻演变。

（2）正确认识大变局带给中国和世界的机遇。

四、教学策略与方法

（一）教学策略

教学策略是教学设计的有机组成部分，是在特定教学情境中为完成教学目标和适应学生认知需要而指定的教学程序计划和采取的教学实施措施。本课程的教学策略从课程教学的整体把握、教学目标的针对性、教学内容的选择性、教学方法的时效性、教学过程的设计与措施等都进行设计。

1. 坚持理论与实践相结合的课堂教学策略

新时代的大学生具备了一定的知识水平与判断能力，信息化更是提供了“秀才不出门便知天下事”的便捷途径，这使得他们不轻信某一结论，不轻易盲从某一观点，他们反感口号式的说教，反感从理论到理论的推论，更愿意用自己的眼睛去看，用自己的头脑去判断，用自己的实践去证明，自主意识、独立意识不断增强。因此，形势与政策课教学必须改变传统的理论灌输的课堂教学方法，找到理论与实践的切合点，使学生既有感性的、亲身的体验，又有深层次的理性思考。如课前安排学生做调研，使大学生从自身的调查、体会、思考中提升实践调查、理论分析水平，增强他们的分析能力与适应能力，更把自己与国家、自身与社会、国家与世界紧密联系起来，在世界形势风云变化的历史阶段坚定信心与立场。

2. 坚持教师引导与学生自我管理相结合的课堂管理策略

目前形势与政策课采用的是大课堂的方式进行教学，必须寻找新的管理方法，即教师引导与学生的自我管理相结合，并以学生自我管理为主。教师引导是指教师以独特的人格魅力感染学生，以精彩的教学内容吸引学生，以灵活多样的教学方法指导学生，使形势与政策课的课堂具有感召力、吸引力、凝聚力。学生的自我管理则是通过培养学生自觉的学习习惯、正确的学习态度，使学生养成良好的学习风气；通过班级之间、专业系之间的协作与相互监督管理，形成竞争机制、激励机制，从而增强学生的自控力、自制力，使学生学会自我控制，形成自我管理习惯和提升自我管理能力，以及良好的自我管理系统，达到提升课堂的教学与学习效果。

3. 坚持教师指导与学生自主学习相结合的学习策略

由于课堂教学时间非常有限，在有限的时间内要达到提升大学生的理论水平、分析能力、适应能力的目标，必须采取教师指导与学生自主学习相结合的学习策略，注重激发和培养学生终身学习的愿望和能力。教学中教师注重引导大学生们关心时事、关注国内外重大事件的意识，培养他们对课程的兴趣；注重培养大学生的综合政治素质，使他们自觉主动地学习，养成积极进取的学习态度和克服困难顽强学习的意志。

（二）教学方法

在形势与政策课上，可根据授课内容尝试创设多元教学方法，坚持以教师为主导、学生为主体的教学方式，吸引和引导学生积极参与课堂，营造一种互动式教学氛围，提升教育教学的科学性。

1. 讲授法

通过口头语言向学生传授知识、培养能力、进行思想教育被称作讲授法，是课堂讲授最基本的方法，讲授法的优点是信息量大、灵活性强。在形势与政策课的讲授过程中，讲授法有利于教师准确把握政治方向，向大学生灌输马克思主义的世界观、人生观和价值观，帮助大学生了解国内外形势和党的路线方针。但弊端也很明显，单一的授课模式使学生对授课内容缺乏兴趣，课堂气氛死气沉沉。想要改变这种状况，就必须综合使用教学方法，实行多样化的方式教学。

2. 案例教学法

案例教学法是一种以案例为基础的教学法，教师在课堂教学中扮演着设计者和激励者的角色，鼓励学生积极参与讨论。形势与政策课程当中使用案例教学法，需要教师寻找真实客观、种类多样的案例，启发学生独立自主地去思考、去探索，使学生建立分析问题、解决问题的思维方式。学生头脑当中形成思考，而不是被动地做笔记记知识点，便于实现师生互动。

3. 比较教学法

比较教学法根据一定的标准把彼此有某种联系的事物加以对比分析，以确定其相同点和相异点。该方法有利于认识事物间的同一性和差异性，使学生形成对事物的深刻认识。形势与政策课的理论性强、信息量大、内容相对枯燥，单纯的讲授法难以引起同学们的兴趣。上这门课程时采用比较教学法，目的在于用事实说话，让学生通过自己的思维过程得出正确的结论。形势与政策课中的比较方法，常用的为同一时期不同国家间的比较、同一国家不同时期的比较或者是不同时期不同国家相似事件的比较。

4. 多媒体教学法

多媒体教学，又称为计算机辅助教学，是指利用多媒体计算机综合处理和控制符号、语言、文字、声音、图形、图像、影像等多种媒体信息，把多媒体的各个要素按教学要求，进行有机组合并通过投影仪和屏幕显示出来，同时按需要配以声音。教师操作计算机，完成教学过程的活动。在形势与政策课的教学过程当中，合理地运用多媒体教学法就是把现代多媒体教学方法和传统方法结合起来，使教学内容形象化、生动化，达到最优的教学目的。

5. 实践教学法

实践教学是巩固理论知识和加深对理论认识的有效途径，随着形势的不断发展和政策的变动，课堂上的讲授只是基本的内容，而真正要实现对大学生思想的塑造，实事求是，强化分析问题、解决问题的能力，实践教学必不可少。在大学校园中，需要把长期、定期开展的形势与政策课和不定期开展的专题讲座、形势报告会结合起来。把形势与政策课的实践教学与社团活动相结合，组织第二课堂活动，对社会热点难点问题、国际形势问题等进行深入调查分析，客观、辩证地认识剖析。把形势与政策课的实践教学与大学生寒暑期社会实践相结合，依照中宣部、教育部《关于进一步加强高等学校学生形势与政策教育的通知》中所说："要把形势与政策教育与'三下乡'、'青年志愿者'等活动结合起来，使学生在社会实践中接受教育。"引导学生广泛参加社会调查和基层实践活动，加深大学生对马克思主义基本观点的认识，树立正确的人生观、世界观和价值观。

五、教学过程设计与实施

本节课教学过程设计与实施如下［在广东省第五届高校（本科）青年教师教学大赛中，讲课内容为另设计的“大变局中的中国角色（20 分钟）”部分］。

【回顾上节学习内容 (3 分钟）】

【设计思路】

回顾上节课内容，帮助学生回忆，与本节课更好地结合。

【大变局中机遇与挑战同生并存 (16 分钟）】

【设计思路】

以漫画形成展现实际现状，给学生留下深刻印象。(本节课中多处使用)

◇案例 1：单边主义（见图 1）

图 1　单边主义

分析：百年大变局意味着大发展与大调整，往往既充满机遇和希望，也存在变数和挑战，需要我们把脉人类历史发展大势，从林林总总的表象中把握全局和本质，也需要把中国自身发展置于国际体系变迁大势之中，清醒认识中国的历史方位和世界作用。

一、大变局催生新的机遇

大变局孕育着推动新型经济全球化之机。经济全球化促成了贸易大繁荣、投资大便利、人员大流动、技术大发展，各国人民从中受益，为世界经济发展做出了重要贡献，同时也积存了不少问题和弊端，经济全球化出现“回头浪”。经济全球化出现一些问题并不可怕，不能因噎废食，动辄“退群”“脱钩”“筑墙”，改革完善才有出路，必须在前进中解决问题。

大变局孕育着全球治理体系加速变革之机。全球治理格局取决于国际力量对比，全球治理体系变革源于国际力量对比。当今世界，随着国际力量对比消长变化和全球性挑战日益增多，加强全球治理、推动全球治理体系变革是大势所趋。

◇案例2：人类命运共同体（见图2）

图2　人类命运共同体

分析：中国提供了“一带一路”等受欢迎的国际公共产品，大变局孕育着中国引领时代、塑造时代之机。中国作为世界格局的重要组成部分，是推动“世界之变”的一个带有关键性、根本性的动因。

【聆听习语】

“世界那么大，问题那么多，国际社会期待听到中国声音、看到中国方案，中国不能缺席。”

二、大变局充满风险挑战

不可否认，大变局给世界带来巨大的风险挑战，导致国际形势变乱交织，“黑天鹅满天飞、灰犀牛遍地跑”，不确定、不稳定、不可预测性因素明显增多。

大国之间博弈加剧。大国是世界历史舞台的主要力量，大国间的竞争和较量往往决定着世界格局走向。

◇案例3：美国退出《中导条约》《伊核协议》（见图3）

分析：国际秩序变革阵痛。我们正处在一个挑战层出不穷、风险日益增多的时代，现有国际秩序和体系日益面临新的挑战。

◇案例4：气候变化（见图4）

图3　美国退出《中导条约》《伊核协议》

图4　气候变化

分析：热点问题“高烧不退”。在加速演变的世界上，旧的热点没有解决，新的热点不时出现、不断发酵。

◇案例 5：叙利亚问题（见图 5）

图 5　叙利亚问题

分析：全球经济风险积聚。某些国家为了维护发展和技术主导权，对外加大“科技封锁”，不惜动用国家力量对他国自主创新进行打压。各国科技发展很不平衡，新的数字鸿沟正在形成。大国博弈、保护主义、地缘动荡等正在将全球经济拖入险境。

◇案例 6：IMF 连续下调 2019 年世界经济增速预期（见图 6）

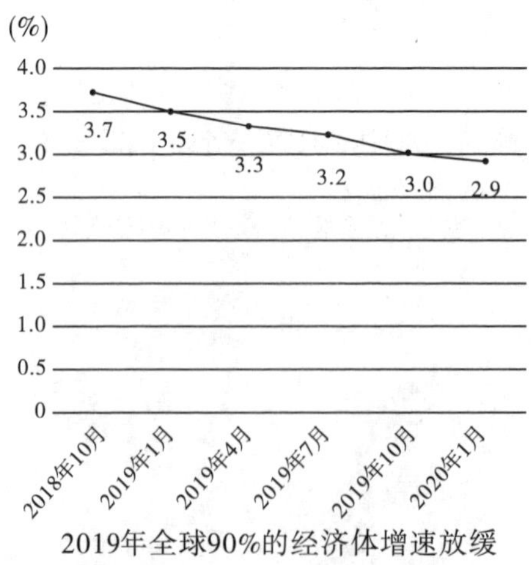

图 6　IMF 连续下调 2019 年世界经济增速预期

分析：（略）

【小结】

面对百年未有之大变局，人类又一次站在了何去何从的十字路口。紧紧抓住并用好大变局带来的历史机遇，团结起来应对好各种危机和挑战，人类社会就能实现新的发展和跃升，以崭新姿态进入下一个百年。

【大变局中的中国角色（20 分钟）】

随着中国综合国力和国际地位的不断提升，我国在国际舞台上的影响力越来越大，分量和地位愈加重要。在实现中华民族伟大复兴的新征程中，中国将始终做世界和平的建设者、全球发展的贡献者、国际秩序的维护者，与各国一道共同开辟人类更加繁荣、更加安宁的美好未来。

一、中国发展振兴是百年大变局的重大变化之一

中华人民共和国成立 70 年以来，特别是改革开放 40 多年来，中国人民勠力同心，艰苦奋斗，用自己的勤劳、智慧、勇气甚至牺牲取得了举世瞩目的伟大成就。

伴随实力的增长，中国与世界的关系也在发生历史性变化。我们日益走近国际舞台中央，国际地位得到了显著提升。

◎案例 7：联合国会费、维和摊款占比（见图 7）

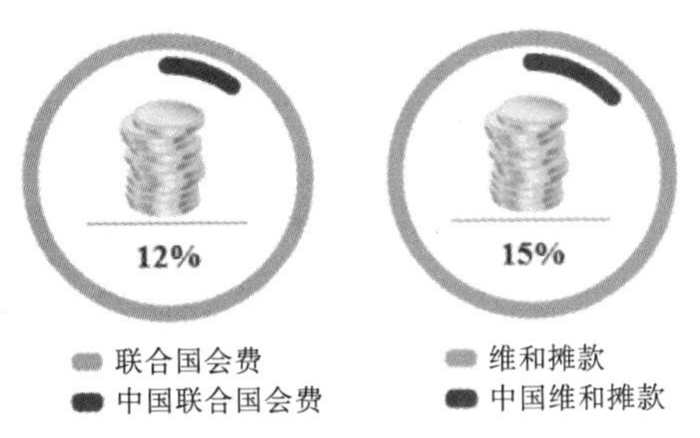

图 7　联合国会费、维和摊款占比

分析：中国人民开创的符合国情的中国特色社会主义道路，引起越来越多国家的关注和认同，学习借鉴中国经验成为世界潮流。

◎案例 8：《习近平谈治国理政》畅销国际

分析：（略）

二、中国的发展是大变局中的正能量

随着中国的快速发展，中国对世界的影响越来越大，世界对中国的关注也与日俱增。在投向中国的目光里，大多是赞赏、欢迎和肯定。但也有人称，中国的发展占了其他国家的便宜。还有人说，中国将来一定会“国强必霸”。那么，让我们来看看中

国的发展究竟给世界带来了什么。（大变局中中国是和平与稳定的力量）

【聆听习语】

习近平总书记也多次郑重宣示，无论国际形势如何变化，无论自身如何发展，中国永不称霸、永不扩张、永不谋求势力范围。

中国积极为维护世界和平稳定贡献中国智慧、中国方案和中国力量。中国积极维护以联合国为核心的国际秩序。中国站在和平与正义的一边，积极探索和践行中国特色热点问题解决之道，为维护国际和平与安全发挥建设性作用。

【举例说明，阐述事实】

（播放视频《中国外交部：美朝应尽快做出政治决断重启对话进程》）事实证明，尽管中国快速发展，但我们没有给世界带来任何威胁，制造任何麻烦。相反，由于中国的发展，世界变得更加和平、更加安全。——大变局中中国是发展与繁荣的力量。

◎案例 9：习近平会见“元老会”代表团

分析：（略）

【聆听习语】

2019 年 4 月 1 日，习近平在人民大会堂会见“元老会”代表团时指出：“中国把自己的事情办好了，对世界而言就是贡献。”

◎案例 10：播放视频《外商对华投资热情不减》

分析：中国为世界经济发展做出了巨大贡献，已成为全球经济增长的主要动力。中国的发展给世界各国带来了巨大的市场红利。大变局中中国是开放与合作的力量。开放是当代中国的鲜明标志。改革开放 40 多年来，我们向世界张开双臂，敞开大门。

开放的大门只会越开越大。在中国文化的基因里，我们从来不接受自私自利和唯利是图，从来不追求什么“利益至上”“利益最大化”。相反，我们一贯奉行正确义利观，主张义利兼顾，必要时舍利取义。中国提出的“一带一路”倡议已成为当今世界最受欢迎的公共产品和规模最大的合作平台。

今日之中国，不仅是中国之中国，而且是亚洲之中国、世界之中国。未来之中国，必将以更加开放的姿态拥抱世界、以更有活力的文明成就贡献世界。

【课堂总结（9 分钟）】

我国处于近代以来最好的发展时期，世界处于百年未有之大变局，两者同步交织、相互激荡。通过本次课学习，同学们充分认识到，中国开启了与世界深度互动的新阶段，国际影响力、感召力、塑造力前所未有地提高，大变局孕育着中国引领时代、塑造时代之机。也帮助学生树立正确的历史观、大局观、角色观，冷静分析各种国际现象，全面客观看待中国国际地位变化。

六、教学评价

根据现代教育思想和教学观念，本节课的教学评价主要从诊断性评价、形成性评价和总结性评价三个方面切入。

（一）诊断性评价：根据学生的前期学习表现来评价教学效果

对学生在本课堂之前的学习表现及其他课程中的表现加以了解，并据此对本课程的讲授加以专门设计。通过学生之前的课堂表现和前期作业情况，以掌握学生是否具有开展本节课学习的基础能力储备。通过学生的学习特征和相关能力的诊断，从而决定本节课的组织过程和教学方式。

（二）形成性评价：根据学生的课堂讨论表现来评价教学效果

学生的课堂表现能够部分反映出教师的教学效果。针对本节课教学目标，课堂上会安排小组讨论，以把握学生对知识点的认知和理解程度。如果学生掌握程度较好，表明课堂教学效果较好；如果学生不能积极参与课堂讨论或答非所问，则说明课程设计的案例选取以及讲授方式上还存在较大问题。

（三）总结性评价：根据学生的课后作业表现来评价教学效果

本节课为学生布置了一道思考题（见课后作业：中国始终是世界和平的建设者、全球发展的贡献者、国际秩序的维护者，主要体现在哪些方面?），希望学生能够结合课堂学习知识对问题进行解释，考查学生对所学知识的掌握和运用程度，同时考查学生对网络资料搜集和整合的能力。

七、教学反思

本节课围绕“百年未有之大变局——中国角色”展开教学，从以下三方面进行反思总结。

（一）教学理念

“讲好中国故事”，将“有温度”的内容传递给学生，使其了解并关心时事。本节课较好地实现了这一教学理念。

（二）教学方法

主要以教师讲述为主，在有限的时间内传递给学生最大信息量，同时结合案例分析、多媒体教学法以及对比教学法。但是讲述法的一个相对不足就是不易引导学生加入思考。本门课部分内容采取“翻转课堂”的教学方式，以期让更多的学生参与其中，有所收获，做到真学、真懂、真信。遗憾的是这一方法本节课没能很好地展现出来。

（三）教学过程

整个教学开篇以故事引入，激发学生兴趣，引导学生思考。由于本节所讲内容理解起来较为抽象，因而多以故事、案例为主，以学生的反馈眼神及时调整讲授内容，适时加入可激发学生兴趣的内容，进而达到更好的教学效果。教学过程相对完整，但从内容的吸引力方面还需进一步加强。

打铁还需自身硬。在今后的教学过程中，会继续不断完善自我，将更多有高度、有深度，同时具有温度的内容传递给学生，以“讲好一门思政课”为毕生追求。

社会主义改造道路和历史经验

——社会主义改造理论

广州商学院　王静仪（思想政治理论课组）

作者简介：王静仪，女，讲师，主要讲授“毛泽东思想和中国特色社会主义理论体系概论”“马克思主义基本原理概论”等课程，主要研究领域为马克思主义理论、思政教育，完成省级课题2项、校级课题2项。2018年获广东省思想政治理论课青年教师教学基本功比赛三等奖。曾获广州商学院“网络教学优秀教师”称号、广州商学院优秀教学奖，被聘为广州商学院马克思主义学院“教学名师”。2020年获广东省第五届高校（本科）青年教师教学大赛思想政治理论课组一等奖。

课程名称：毛泽东思想和中国特色社会主义理论体系概论
学时：1学时

一、学情与内容分析

（一）学情分析

1. 学生特点

本次授课对象是金融专业本科一年级的学生，该专业的学生入学成绩排在学校前列，文科基础较好，思维活跃、乐于表达、喜欢互动，对党史、国史、社会主义史、改革开放史比较感兴趣，但对事物的分析多浮于表面，对本质探索的深度不够，辩证思维能力和历史思维能力有待加强。

2. 知识基础

通过前面章节的学习，学生已经了解到社会主义改造理论属于毛泽东思想的理论体系以及社会主义改造所处的历史时期，掌握社会主义改造的基本内涵，部分学生通过影视作品和人物传记等途径对社会主义改造时期已形成一些具体的认知。

3. 心理状态

本节课的学习阶段处于新学期初期，学生仍然能够保持初期的学习热情，具备较高的学习积极性和主动性，期待通过本次教学了解更多关于社会主义改造的历史背景，提升辩证思维能力和历史思维能力。

（二）内容分析

经过第三章第一节“从新民主主义到社会主义的转变”的学习，学生基本能够理解新民主主义社会的过渡性以及社会矛盾，但对党在过渡时期为什么要进行“一化三改”这一问题的认识仍然不够全面和深刻。因此，本课在讲授社会主义三大改造具体内容的同时需要回应并分析这个问题。大多数学生在开课前能够掌握社会主义三大改造的内涵，但对其具体步骤以及历史经验部分的了解不多。因此，教学设计要抓住这部分重点展开，通过具体的历史事件和人物案例深化社会主义三大改造的政治意义和历史启示。

二、教学目标分析

（一）知识目标

了解社会主义改造的内容，掌握社会主义改造的历史经验。

（二）能力目标

培养学生的历史思维和辩证思维，增强思考能力、分析能力、表达能力、理论联系实际的能力等。

情感目标：引导学生在理解中国走上社会主义道路必然性的基础上坚定道路自信、理论自信、制度自信、文化自信，拥护党的领导和社会主义制度。

三、教学重点与难点

（一）教学重点

（1）社会主义三大改造的步骤及特点。

（2）社会主义改造的历史经验。

（二）教学难点

（1）如何理解社会主义改造中出现的失误和偏差？

（2）如何理解社会主义改造与社会主义改革的关系？

四、教学策略与方法

（一）教学策略

为落实立德树人的教学理念，努力使课程教学从静态的教材体系转向动态的教学体系、从以教师为中心转向以学生为中心、从注重理论学习转向关注价值引领，增强思政课的形象性、针对性和时代性，提升学生的代入感、历史感、获得感，本节课主要采用基于问题的教学策略。

（二）教学方法

主要运用理论讲授法、案例分析法、视频学习法、问题引导法、课堂讨论法。

五、教学过程设计与实施

扫一扫
获取教学课件

本节课的教学过程设计与实施如下。

【课前复习及导入（1 分钟）】

通过本章第一节“从新民主主义到社会主义的转变”的学习，同学们已经掌握新民主主义社会的过渡性、党在过渡时期的总路线及其理论依据。中国必须走社会主义道路，新民主主义社会要过渡到社会主义社会，必须完成社会主义改造。

本课我们将围绕以下两个方面内容开展学习：一是适合中国特点的社会主义改造道路；二是社会主义改造的历史经验。

【讲授新课（36 分钟）】

一、适合中国特点的社会主义改造道路（20 分钟）

（一）农业、手工业的社会主义改造

教师提问：（1）土改后农村的土地所有权在谁手里？

（2）农民分得土地后的劳动热情和干劲大不大？

（3）土改后的农村还存在什么问题？

学生回答：（略）

以毛泽东为主要代表的中国共产党人从我国农村实际出发，制定并实行了一整套适合中国特点的对农业进行社会主义改造的方针、政策和办法，开辟了一条适合我国情况的农业社会主义改造道路。对农业进行社会主义改造是指通过互助合作的途径，逐步把个体农民的生产资料私有制改造成为社会主义集体所有制。

教师提问：对于农村而言，开展农业、手工业社会主义改造的意义是什么？

学生回答：（略）

教师总结：(1) 改变农村落后面貌、发展农业生产力。

(2) 更好地支援社会主义工业化。

(3) 商品粮、工业原料、资金积累、市场。

(4) 避免农村两极分化、更好地巩固工农联盟。

那么，如何开展农业、手工业社会主义改造?

第一，积极引导农民组织起来，走互助合作的道路。

在土地改革完成后，党不失时机地引导农民走互助合作道路，受到农民的拥护和支持。

【案例材料】耿长锁农业生产合作社

耿长锁，1900 年出生于五公村的一个贫苦之家。1943 年冀中平原遭受严重旱灾，收获无几，加之日本侵略军经常清剿“扫荡”，冀中抗日根据地军民生活异常艰难。危难之际，中共饶阳县委响应党中央和毛泽东主席关于“组织起来”的号召，提出“组织起来，生产度荒”的口号。耿长锁带头响应，他动员、组织五公村卢墨林、李砚田、乔万象三户贫农成立了土地合伙组，全组共 22 人，40 亩地。在没有牲口大车和农具不全的情况下，耿长锁带领土地合伙组的成员苦干巧干、历尽艰辛，为了粉碎敌人的抢粮企图，采取快收、快打的方法，第一年就获得了丰收，亩产量超过了一般中农户。他们还利用农闲之机开展打绳作业，为全县“组织起来，生产度荒”树立了榜样。他们的行动，有力地支持了抗日战争，使五公村成为冀中平原上的红色堡垒村，他所建立的土地合伙组被誉为“冀中花开第一枝”。

此后，合伙组也随之扩大到 17 户，并更名为农业合伙组，他们成立了代表会，制定了合伙组的章程。按章程规定：组建合伙组的目的就是为了增加生产，解决大家的困难，做到人人有饭吃、有衣穿、有活干，共同发展。各户所有土地由合伙组共同经营，地权归原主所有。实行男女同工同酬，所产粮食及其他收入，除提 10% 作为公积金，其余按人 6 地 4 分配。入组自愿，退组自由。年满结账后退组，可照数分配，但公积金不分；中途退组，盈余不分，如有亏损，需补足应分担的亏空方可退组；组员犯严重错误，经教育不改被开除者，按半途退组处理。有意愿加入者，须经两个组员介绍，代表会同意才可入组；入组后应交纳一部分牲畜农具费（贫者可免），就可享有与老组员同等的权利。这在冀中解放区首创了互助合作的经营管理的模式，显示了“组织起来”的巨大威力，在冀中解放区树立了一面旗帜。

1951 年春，这个农业合伙组改名为“耿长锁农业生产合作社”，由 17 户发展到 18 户，共 82 人，土地 288 亩，骡子 7 头，马 1 匹，大车 3 辆，一般农具齐全。1950 年 11 月 28 日《河北日报》以《耿长锁领导的农业合作小组》为题，介绍了他们的经验。1951 年 10 月，河北省劳动模范代表大会介绍了耿长锁农业合作社的经验，成为全省办社的先进典型和榜样。1952 年 11 月 8 日，耿长锁农业合作社成立大社，入社农户 401 户（全村共 425 户），从此五公村成为全国合作化的一面旗帜。1953 年 12 月耿长锁农业合作社被河北省委、省政府誉为“社会主义之花”。

教师提问：请概括耿长锁农业生产合作社在合作化进程中的做法。

学生回答：（略）

教师总结：耿长锁农业生产合作社在生产过程中取得了良好的经济效益，带动群众进行生产，生产规模越来越大，甚至用今天的眼光来审视，仍然有值得点赞的做法，如提取10%当公积金等，给全国众多的互助组发展提供了一个可行模式。

第二，遵循自愿互利、典型示范和国家帮助的原则，以互助合作的优越性吸引农民走互助合作道路（见图1）。

自愿互利	**坚持入社自愿，退社自由，平等互利。对于入社的耕牛、土地等生产资料实行合理作价、予以补偿的政策**
典型示范	**国家首先把办社积极性较高的贫下中农组织起来，帮助他们办好一批合作社，吸引农民自愿走合作化道路**
国家帮助	**国家通过贷款、兴修水利、供应农机具等方式，为合作社提供物质援助，帮助合作社克服困难，发展生产**

图1　自愿互利、典型示范和国家帮助

第三，正确分析农村的阶级和阶层状况，制定正确的阶级政策。党制定并贯彻执行了依靠贫农、下中农、团结其他中农，由限制到逐步消灭富农剥削的农村阶级政策（见图2）。

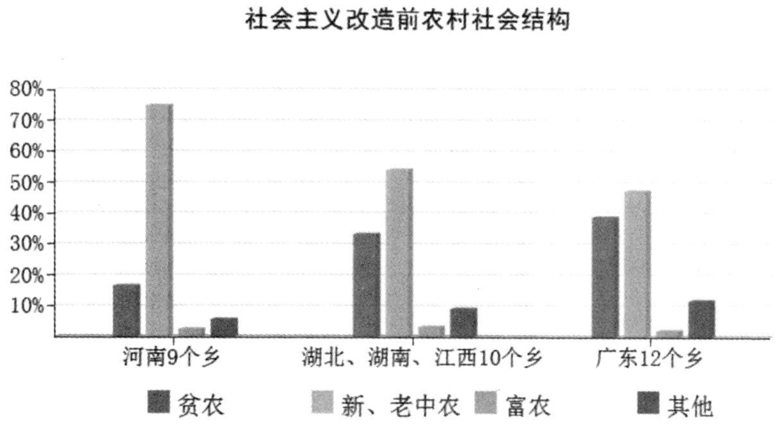

社会主义改造前农村社会结构

80%
70%
60%
50%
40%
30%
20%
10%

河南9个乡　湖北、湖南、江西10个乡　广东12个乡

贫农　新、老中农　富农　其他

图2　社会主义改造前农村社会结构

第四，坚持积极领导、稳步前进的方针，采取循序渐进的步骤（见图3）。

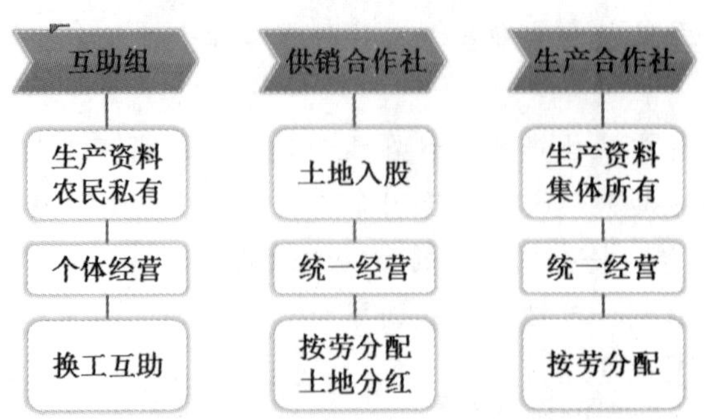

图 3　农业的社会主义改造步骤

【播放历史微视频】“穷棒子社”的社会主义改造

深度思考：为什么“穷棒子社”只有“三条驴腿”？“闹革命”又指的是什么？

（二）手工业社会主义改造

手工业与农业社会主义改造的步骤基本一致（见图 4）。

图 4　手工业社会主义改造步骤

（三）资本主义工商业的社会主义改造

【历史材料】“挂红旗五心（星）不定，扭秧歌进退两难。”“早归公，晚归公，早晚要归公；迟共产，早共产，迟早要共产，不如早共产。”

教师提问：以上反映了中华人民共和国成立初期哪个阶级的心情？这是一种什么心情？

学生回答：（略）

教师总结：反映了民族资产阶级对新生政权的疑虑，折射出焦虑、疑惑、不满及无奈的复杂心境。中华人民共和国刚成立，中国共产党执政面对多方的重大的考验。1950 年 6 月，毛泽东提出“不要四面出击”的方针，“要四面八方，不要四面出击”政策的中心是恢复和发展经济，在政治上提高了中国共产党的凝聚力。在推进农业合作化运动的同时，党和政府有计划、有步骤地开展了对资本主义工商业的社会主义改造，创造性地开辟了一条适合中国情况的对资本主义工商业进行社会主义改造的道路。

第一，对资本主义工商业改造的方法——用和平赎买。

对资本主义工商业进行社会主义改造，是指通过国家资本主义的途径，用“和平赎买”的方式，逐步把资本主义私人所有制改造成为社会主义全民所有制。赎买：国家有偿地将私营企业改变为国营企业。具体方式：不是由国家支付一笔巨额补偿资金。

而是让资本家在一定年限内从企业经营所得中获取一部分利益。

第二，对资本主义工商业改造的形式——采取从低级到高级的国家资本主义的过渡形式。

所谓国家资本主义，就是在国家直接控制和支配下的资本主义经济。我国社会主义改造中出现的国家资本主义经济，“是在人民政府管理之下的，用各种形式和国营社会主义经济联系着的，并受工人监督的资本主义经济。这种资本主义经济已经不是普通的资本主义经济，而是一种特殊的资本主义经济，即新式的国家资本主义经济。它主要地不是为了资本家的利润而存在，而是为了供应人民和国家的需要而存在”。“因此，这种新式国家资本主义经济是带着很大的社会主义性质的，是对工人和国家有利的。”国家资本主义有初级形式和高级形式之分。初级形式的国家资本主义是国家对私营工商业实行委托加工、计划订货、统购包销、经销代销等；高级形式的国家资本主义是公私合营，包括个别企业的公私合营和全行业的公私合营。

【链接资料】国家资本主义是“在人民政府管理之下的，用各种形式和国营社会主义经济联系着的，并受工人监督的资本主义经济。它主要地不是为了资本家的利润而存在，而是为了供应人民和国家的需要而存在”。

——毛泽东《关于国家资本主义经济》(1953 年 7 月)

【图表展示】资本主义工商业改造三个阶段

通过国家资本主义的过渡形式得以实现的。在具体实施过程中又表现为三个阶段(见图 5)。

第一阶段：1953 年底以前，实行初级形式国家资本主义阶段。对私营工商业实行委托加工、计划订货、统购包销、委托经销代销，将它们纳入国家计划轨道。

第二阶段：1954 年至 1955 年下半年，实行个别企业公私合营。

第三阶段：1955 年冬至 1956 年，全行业公私合营阶段。

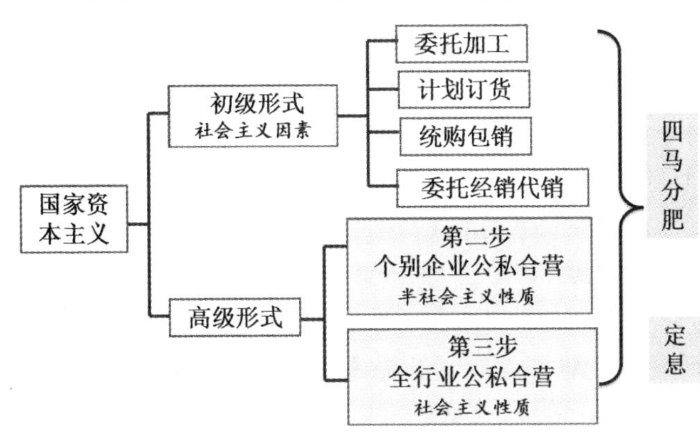

图 5　资本主义工商业改造三个阶段

注释：“四马分肥”是指企业利润按国家所得税、企业公积金、工人福利费、资方红利四个方面进行分配。

【案例材料】同仁堂的新生

同仁堂（原名同仁堂药室，同仁堂药铺）是乐显扬创建于中国清朝康熙八年（1669 年）的一家药店。其服务宗旨是“修合无人见，存心有天知”。是国内最负盛名的老药铺。历经数代、载誉300余年的北京同仁堂，如今已发展成为跨国经营的大型国有企业——同仁堂集团公司。其产品以其传统、严谨的制药工艺，显著的疗效享誉海内外。

1953 年，北京市地方工业局选择了同仁堂首先行公私合营，这对于同仁堂的经营者震动很大。同仁堂到这时已存在了几百年。它始建于清朝康熙八年。北平解放前夕，北平同仁堂有职工 190 多人，奖金约 80 万元，年产值约 16 万元，年零售额约 30 万元，设备陈旧，管理落后。1949 年北平解放时，同仁堂由乐氏十三世乐松生经营，他同时是天津达仁堂管理处总负责人。1950 年抗美援朝开始，同仁堂向国家捐献 99 000 元。

同仁堂一直受到党和政府的重视和关怀。公私合营的消息传来时，对乐氏家族的震动很大，他们对经营了几百年的老铺将要失去所有权，经营统治权和企业利润分配，确实十分痛惜。乐松生经过反复考虑，认识到：这是大势所趋，人心所向，历史潮流，不可违背，而且，合营后自己仍担任经理，生活待遇也不错，因此决定，同仁堂带头公私合营。

公私合营后，企业发生了很大的变化，不仅改善了经营管理，建立起各种规章制度，增加设备，改进技术，自行设计了粉碎机、汽锅等，改进了生产包装，销售额也不断上升。门市部抓药从每天几十服，增加到每天 200 多服。

1955 年，毛泽东、周恩来在中南海接见了乐松生，询问了他生活、工作的情况，鼓励他为医药事业多做贡献。1956 年 1 月 13 日，北京国药业全行业公私合营，乐松生手捧大红喜报代表北京市工商界人士向毛泽东报喜。

课堂思考：同仁堂的成功改造给当时的企业提供了哪些经验？对当代企业发展有什么启示？

第三，把资本主义工商业者改造成为自食其力的劳动者。

在资本主义工商业的社会主义改造中，国家对资方在职人员和资方代理人采取“包下来”的政策，以企业为基地，根据“量才使用，适当照顾”的原则，对他们在政治上适当安排、工作上发挥作用、生活上妥善照顾，通过改造阶级成分的方式达到从整体上消灭资产阶级的目的。对企业的改造和对人的改造相结合，改造资本家个人与消灭他们所属的资产阶级相结合，既避免了激烈的阶级对抗，减少了改造的阻力，又推动了生产力的发展和社会的进步。

【案例材料】红色资本家荣毅仁（视频）

红色资本家即爱国的，做有利于社会主义现代化建设，有利于祖国和平统一的实际工作的资本家。

1916 年 5 月 1 日，荣毅仁同志出生于江苏无锡一个著名的工商业家族。他早年接受中西方文化的启蒙教育，1937 年上海圣约翰大学历史系毕业后，正值日本全面侵华。荣宗敬自上海避居香港，次年 2 月不幸病逝。年仅弱冠的荣毅仁开始辅佐父亲经营庞大的家族企业。先后在无锡茂新面粉公司任助理、经理，上海合丰企业公司董事，上海三新银行董事、经理，逐渐成为荣氏二十多个家族企业的代表。中华人民共和国成立前夕，荣氏家族其他成员和上海的其他资本家一样，纷纷离开大陆，而荣毅仁决定留下来。1956 年，他经过深思熟虑后，把自己的商业帝国无偿交给国家，为新中国的工业振兴做出了卓越贡献，赢得普遍的尊重。当时的国务院副总理陈毅以老市长身份，为荣毅仁助选上海市副市长，“因为他既爱国又有本领，应当选为国家领导人”。

教师总结：1956 年，全国 99% 的工业企业和 82% 的商业企业实行了全行业的公私合营，这标志着国家对资本主义工商业的社会主义改造已基本完成，实现了马克思和列宁曾经设想的对资产阶级的和平赎买。

深度思考：马克思和列宁都曾经设想过对资本主义工商业进行和平赎买。苏联对资本主义工商业的改造采用的是没收的办法，要把资本家赶走，最终失败了。中国对资本主义工商业进行社会主义改造时实行了“和平赎买”政策并取得了成功。造成这两种不同结果的原因是什么？

二、社会主义改造的历史经验（16 分钟）

（一）经验

（1）坚持社会主义工业化建设与社会主义改造同时并举。

（2）采取积极引导、逐步过渡的方式。

（3）用和平方法进行改造。

（二）教训

第一，所谓“要求过急”“改变过快”，就是说社会主义改造在 1955 年下半年后期明显过急过快，不仅广大农村由初级合作社向高级合作社的转变过快，而且资本主义工商业实现全国行业公私合营的时间也过于短促。

第二，所谓“工作过粗”，是指在社会主义改造高潮期间，一些行之有效的工作原则、工作方法被搁置一边，出现了“一窝蜂”的局面。

第三，所谓“简单划一”，是指社会主义改造在模式选择上存在的问题。在农村，几乎是清一色的高级农业生产合作社；在城市，又几乎是清一色的全行业的公私合营。

出现这些问题的基本原因是：

第一，对中国国情和中国进行社会主义改造的长期性和艰巨性认识不足。

第二，虽然我们社会主义改造的道路和方法是创新的，但在改造的终极目标上仍然照搬苏联的社会主义模式，急于消灭私有制经济，追求建立单一的社会主义公有制；忽视市场经济对中国社会主义建设的不可替代的积极作用；在改造的方法步骤上又简单化，草率地急于求成，由此形成的高度集中统一的计划管理体制，限制了我国社会主义经济发展的活力。

在我国社会主义改造史上，有两个事实是世界史上革命大变动所罕见的：一是在一个几亿人口的大国中比较顺利地实现了如此复杂、困难和深刻的社会变革，不仅没有造成生产力的破坏，反而促进了工农业和整个国民经济的发展；二是这样的变革没有引起巨大的社会动荡，反而极大地加强了人民的团结，并且是在人民普遍拥护的情况下完成的。

（三）反思

拓展话题：有人认为既然十一届三中全会之后中国还要进行社会主义改革，那么20世纪50年代的社会主义改造就显得多余和没有必要，出现了“早知今日，何必当初”这一说法，你认为这种说法正确吗？回顾社会主义改造的做法、总结经验和教训对今天的我们有何启示？

教师引导：没有社会主义改造，就没有社会主义基本制度的确立和全面的社会主义建设。国家安全的压力、工业化的迫切需要等，决定了社会主义改造是解放和发展社会生产力的需要，是历史的必然。虽有缺点，但总的来看是适时的，也是成功的。习近平总书记在庆祝建党95周年大会上，对中国共产党95年的革命、建设、改革历程进行了回顾和总结，并强调：“我们回顾历史，不是为了从成功中寻求慰藉，更不是为了躺在功劳簿上、为回避今天面临的困难和问题寻找借口，而是为了总结历史经验、把握历史规律，增强开拓前进的勇气和力量。”对于一个执政党而言，历史不单单是一笔宝贵的财富，更是一个漫长的探求真理、总结得失、谋求发展的过程。铭记历史，既要从历史中找到“闪光点”，更要从历史中找到“失败点”，只看荣誉不看失败的铭记，是对历史的不尊重，是对历史的否定。只有正确看待历史、深刻把握历史、时刻铭记历史，我们才能鼓足勇气、凝聚力量、坚定意志，在正确的道路上越走越远、越走越辉煌。

【课堂小结 （1分钟）】

通过本课的学习，我们了解了新民主主义社会农业、手工业、资本主义工商业的社会主义改造的步骤做法以及社会主义改造的历史经验。社会主义改造在1956年基本上完成，社会主义的基本经济制度在中国全面地建立起来了。尽管在社会主义改造的后期存在着一些问题，但总的来说，在一个几亿人口的大国比较顺利地实现如此复杂、困难和深刻的社会变革，促进了工农业和整个国民经济的发展，的确是个伟大的历史性胜利。事实已经表明，社会主义基本制度的建立，为当代中国的一切发展进步奠定了根本政治前提和制度基础。

【课后作业 （1分钟）】

请同学们课后观看纪录片《正道沧桑——社会主义五百年》的“春天的脚步”部分，结合影片的案例，针对社会主义改造对中国特色社会主义道路发展的意义，写一篇200字以上的观看感。

六、教学评价

经过本课学习，大多数学生能够理解、把握社会主义三大改造的步骤及历史经验，对课堂上所举的历史案例比较感兴趣，能够积极参与课堂互动，课堂发言的学生能够结合视频和案例的内容进行较为准确的回答，大多数学生的发言逻辑清晰，重点突出，立场鲜明。学生能够辩证看待社会主义发展道路上的历史问题，逐步学会从历史中总结经验、吸取教训、启迪未来。此外，本节课有以下两个问题需要进一步思考：一是如何从理论逻辑、历史意义、时代价值的角度阐释社会主义改造与社会主义改革的关系；二是如何进一步利用信息化教学手段提高学生的课堂参与度，增加理论学习的愉悦感和乐趣感。

七、教学反思

通过本次比赛的准备和开展，我深刻感受到教书育人的责任之重。作为教师，传授知识固然重要，但更重要的是肩负起培育社会主义接班人的时代重任。以下我从教学理念、教学目标、教学方法、教学过程和不足之处进行教学反思。

（一）教学理念

坚持“立德树人、以生为本”的教育理念，结合学生的学习基础，强化培养学生理论联系实际的能力，突出应用型人才培养。通过自己解读教材、查阅资料、深入剖析，在教学过程中努力体现从静态的教材体系转变为动态的教学体系。

（二）教学目标

本节课属于社会主义改造的内容，知识目标是掌握农业、手工业和资本主义工商业社会主义改造的步骤和特点，理解社会主义改造的原因及社会意义；能力目标是培养学生的历史思维和辩证思维，增强理论联系实际能力等；情感目标是培养学生爱国情怀、坚定社会主义道路、增强“四个自信”。从实际的课堂教学看，基本完成预设的教学目标。

（三）教学方法

为体现以教师为中心转变为以学生为中心的教学理念，本节课综合运用了导入式、案例式、互动式、启发式等教学方法，同时运用多媒体资源进行剪辑，播放历史视频，增强学生对特定历史时期的理解。

（四）教学过程

（1）课堂导入：回顾上一节课的主要内容，帮助学生链接本课的知识点。

（2）教学互动：通过多次的课堂提问，引导学生思考和发言，帮助学生锻炼思维能力和语言表达能力。

（3）案例分析：通过耿长锁农业生产合作社、同仁堂的新生、红色资本家荣毅仁的典型案例，增强学生对特定历史时期的人物和做法的理解。

（4）视频播放：尽量体现历史的真实性，调整课堂气氛，同时也可以利用时间写板书。

（五）不足之处

（1）对课堂理论内容的创新不够。本课内容具有较强的历史色彩，需要在现实中回应学生对理论的关切，可以考虑加入一些新时代的元素以增强教学的时代性。

（2）整体内容对概论课和史纲课的教学区别突出不够。对于相似的教学内容，概论课应该更突出中国社会主义理论实践，史纲课应该侧重以古鉴今、启迪未来。

（3）要进一步突出思政课的理论色彩，要突出马克思主义中国化在中国的具体实践的表现及时代价值，更加突出由注重知识传递转变为注重价值引领的理念。

（4）对教学过程中出现的意外，要冷静处理，尽快调整情绪，提高个人的应变能力和组织能力，对自己要有自信。

道德及其变化发展

广州工商学院　周志鹏（思想政治理论课组）

作者简介：周志鹏，男，讲师，广州工商学院马克思主义学院专任教师，主要讲授“思想道德修养与法律基础”课等。主要研究方向为网络思想政治教育。工作以来主持或参与国家级、省级课题多项，主持厅级课题一项，多次被评为学校“我最喜爱的老师”“骨干教师”“优秀教职工”，曾获学校说课大赛二等奖、广东高校思想政治理论课青年教师教学基本功比赛三等奖、广东省第五届高校（本科）青年教师教学大赛思想政治理论课组一等奖。

课程名称：思想道德修养与法律基础
学时：1 学时

一、学情与内容分析

（一）学情分析

教学的授课对象以文科学生为主，他们聪颖、好学、求知欲强。但大多数学生人文社会科学知识丰富，对课程理论知识兴趣较高，需要教师有效利用文科生的这个特点，积极激发学生学习的积极性，从而使学生在发挥自身优势的过程中体验学习的乐趣。

（二）教学内容分析

本课程第五章主要讲授的是道德和社会主义道德教育的基本理论，为帮助大学生加强道德修养、锤炼道德品质打下理论知识的基础，增强道德意识。本章的内容围绕道德观教育遵循了从抽象到具体、从理论到实践的逻辑思维结构。第一节主要讲三个问题：道德的起源与本质；道德的功能与作用；道德的历史发展等抽象理论。这是关于道德的基本理论、基本知识，解决学生道德“知”的问题，为后面接着阐述中华传统美德、中国革命道德、社会主义道德的内容打下理论基础。

二、教学目标分析

（一）知识与技能目标

学生能够对道德有更深刻的了解，使学生了解道德的本质、道德功能以及道德的发展。

（二）过程与方法目标

通过教学，学生能够认识到，一个人只要在社会中生存，就必须自觉遵守相应的道德要求，就必须用道德规范指导自己的实践，追求崇高道德境界。

（三）情感、态度和价值观目标

大学生能够提升对道德的理论认知，弘扬中华民族优秀道德传统和中国革命道德，自觉树立社会主义道德观，激发大学生形成善良的道德意愿、道德情感，培育正确的道德判断和道德责任，提高道德实践能力尤其是自觉践行能力，成为社会所需要的人才。

三、教学重点与难点

（一）教学重点

（1）道德的起源。

（2）道德的本质。

（3）道德的功能与作用。

（二）教学难点

道德的本质。

四、教学方法与手段

（一）教学方法

（1）课堂理论讲授法为主，案例分析法为辅，参与教学法为补充。

（2）课内实践：体验法、研讨法教学。

（二）教学手段

多媒体教学。

五、教学过程设计与实施

扫一扫
获取教学课件

本节课教学过程设计与实施如表 1 所示。

表 1　教学过程设计与实施

教学环节	教学过程	教学设计意图
课程导入	[案例教学法]上海地铁吃鸡爪女风波 案例导入 ➡ 学生讨论 ➡ 教师导入 [研讨教学法]从道德层面谈谈该女子的行为 随着我国经济的发展，物质生活越来越丰富，但精神文明建设没有及时跟上，公共道德亟须提高。 引出本节教学内容： 一、什么是道德 二、道德的功能与作用 三、道德的变化发展	通过案例引出本节课的主题：爱国主义
教学内容一、什么是道德	**（一）道德的起源** 1. 神启论（代表人物：董仲舒） 2. 天赋论（代表人物：康德） 3. 情感欲望论（代表人物：爱尔维修） 4. 动物本能论（代表人物：达尔文） 5. 马克思主义道德观 【研讨教学法】 狼孩生活在狼群中，有没有道德关系？ 认识：只有形成了人与人、人与社会之间的相互关系，才会产生道德。 结论：道德起源于社会关系的存在。(客观条件) 在生产生活的实践活动中，人类必然要发生各种各样的人际交往和社会关系。随着社会分工的不断发展，个人利益、他人利益和社会利益的界限逐步明晰，各种利益关系更为凸显，要求规范、协调或制约利益冲突的意识更为强烈，由此促进了人类道德的不断进步和发展。可以说，正是社会关系的形成和发展产生了调节各种关系特别是利益关系的需要，道德恰恰是适应社会关系调节的需要而产生的。	通过对比讨论，在讨论中得出道德产生的客观条件。

续上表

<table>
<tr><th>教学环节</th><th>教学过程</th><th>教学设计意图</th></tr>
<tr><td>教学内容
一、什么是道德</td><td>【研讨教学法】
完全的智障人有正确的道德意识吗？
认识：当人们意识到自己与动物的根本区别，意识到自己与他人利益的不同，为调解利益冲突避免社会崩溃时，道德这种意识呼之欲出。
结论：道德起源于人类自我意识的形成与发展。（主观条件）
意识是道德产生的思想认识前提。人只有在社会实践中，充分意识到自我作为社会成员与其他动物的根本区别，意识到自我在社会中的角色与地位，意识到自我与他人或集体不同的利益关系，并由此产生调节利益矛盾的迫切要求时，道德才得以产生。
【研讨教学法】
什么使人的意识与人类社会得以存在？
认识：在劳动的过程中产生了人与人的劳动关系、交往关系、社会关系。另外在劳动过程中产生了个人思维、语言、自我意识等。
结论：劳动创造了社会和改造了人自身，劳动是人类道德起源的首要前提。
马克思主义认为，道德作为一种社会现象，其产生有多方面的条件，经历了一个漫长的发展演变过程。
第一，社会关系的形成是道德赖以产生的客观条件。道德是人的道德，人是社会关系的产物，只要形成了人与人、人与社会之间的相互关系，就一定会产生道德。
第二，人类自我意识的形成与发展是道德产生的主观条件。当人们意识到自己作为社会成员与动物的根本区别，意识到自己与他人或集体的不同利益关系以及产生了调解利益矛盾的迫切要求时，道德便得以产生。应该看到，道德产生所需要的主观条件和客观条件是统一于生产实践的。
第三，劳动创造了人和人类社会，劳动是人类道德起源的第一个历史前提。人们在劳动中结成生产关系，并产生需要调整的人与人之间的利益关系，创造人们的道德需要，提供道德产生和发展的动力，也形成道德产生所需要的主客体统一的重要条件。
人类最初的道德以风俗习惯等形式表现出来。随着社会生产力的发展和社会生活的日益复杂化、多样化，特别是随着人类文明时代的开始，道德便逐渐从风俗习惯中分化出来，成为一种独立的社会意识形态。
（二）道德的含义
道德由一定的经济关系决定的，依靠社会舆论、传统伦理习俗和人们内心信念来维系的，表现为善恶对立的社会意识和行为规范的总和。</td><td>通过对比讨论，在讨论中得出道德产生的主观条件。

通过对比讨论，在讨论中得出人的意识与人类社会得以存在的前提条件。</td></tr>
</table>

续上表

<table>
<tr><th>教学环节</th><th>教学过程</th><th>教学设计意图</th></tr>
<tr><td>教学内容
一、什么是道德</td><td>道德有时也指个人的思想品质、境界、修养及善恶评价，甚至可用来泛指风尚习俗。
本质规定：经济基础决定的特殊的社会意识形态。
作用形式：社会舆论、传统习俗、内心信念（良心）。
作用方式：善恶评价。
存在形式：心理意识、原则规范、行为活动。
（三）道德的意义
“有两种东西，我对它们的思考越是深沉和持久，它们在我心灵中唤起的惊奇和敬畏就会日新月异，不断增长，这就是我头上的星空和心中的道德律令。”（康德《实践理性批判》）
【研讨教学法】
为什么“星空”和“道德”并行为一体？
道德对于各人的成长和社会的发展有着重要意义。
对个人的意义：帮助个人最终走向幸福。《礼记·访记》有云：“君子贵人贱己，先人而后己。”高尔基也说过：“你要记住，永远要愉快地多给别人，少从别人那里拿取。”所以，作为新时代的大学生，要积极投身到献血、捐髓，支农、支教、支医、扶贫，科技文化服务、公益劳动等志愿服务之中……履行道德责任与义务时会感受到生命的快乐、扬善抑恶，获得精神上的享受和人生的幸福。
【案例教学法】
女子两次乘公交投币800元称多次逃票想弥补。
这样的奇遇，609路公交司机祁瑞随后遇到。同日8时51分，祁瑞开车从南湖行至千家街，同样是一位40多岁的女士拿着百元钞票投币，祁瑞当即制止，表示只需要2元就行了，但女乘客表示，这是她欠609路公交车的，一定要投。
经过监控视频对比，最终确认两位乘客是同一人。两名公交司机表示，他们和该乘客沟通过程中，对方自称以前曾用不合规的证件乘车、还逃过票，但每次坐车，司机们对她都十分友善，态度和蔼，她心里一直很内疚。如今，家里条件好了，她这么做是为了补偿自己的过错。
对于国家的意义：道德是国家尊严和民族价值的核心呈现，是软实力和凝聚力。
【案例教学法】
古罗马帝国的毁灭：道德精神的堕落弥漫于上至达官显贵下至普通百姓的各个社会阶层，腐败、奢靡、不检点成为促使古罗马衰亡最为根本的原因。中国人民抗日战争胜利：在军力、经济等各方条件都处于弱势的形势下，中华民族凭借着爱国主义、英雄主义和民族团结精神的强大凝聚力、向心力，创造了最后胜利的奇迹。</td><td>通过讨论，让学生理解道德的对于个人和社会发展的意义。

通过案例分析，让学生感受道德对于规范个人行为，帮助个人走向幸福中的意义。

通过案例分析，让学理解道德作为国家软实力对国家发展的重要意义。</td></tr>
</table>

续上表

教学环节	教学过程	教学设计意图
教学内容一、什么是道德	**（四）道德的本质** 道德的本质——经济决定道德。 首先，社会经济关系的性质决定着各种道德体系的性质。其次，社会经济关系所表现出来的利益决定着各种道德的基本原则和主要规范。再次，在阶级社会中，社会经济关系主要表现为阶级关系，因此，各种道德体系也必然带有阶级属性。最后，社会经济关系的变化必然引起道德的变化。 道德对社会经济关系的反映不是消极被动的，而是以能动的方式来把握世界和引导、规范人们的社会实践活动。人们正是通过对道德的把握，来感受社会关系的脉动，识别社会发展的方向，确定自身生存发展的环境和在社会中的地位与作用，并形成自己关于责任和义务的观念，确立自己的道德理想和人生使命，自觉地扬善抑恶，选择高尚、弃绝卑鄙，保持社会和个人的健康发展。 “‘思想’一旦离开‘利益’，就一定会使自己出丑。”（《马克思恩格斯全集》第2卷，第103页） 【研讨教学法】 既然经济基础决定道德发展水平，为什么在延安时期经济落后，人们的道德水平反而高。今天经济发展了，我们发现身边的不少人道德水平反而低了？ 经济决定道德是从终极意义而言。 经济发展与道德发展具有不同步性	通过讨论，让学生理解道德的发展具有独立性
教学内容二、道德的功能与作用【教学重点】	通过对道德功能与作用的分析，让学生认识到道德对社会、对个人都是必不可少的。 **（一）道德的主要功能** 1. 道德的认识功能——解决知的问题 道德的认识功能是指道德反映社会现实特别是反映社会经济关系的功效与能力。道德是人们认识和反映社会现实状况以及人与人之间关系的一种方式。道德往往借助于道德观念、道德准则、道德理想等形式，帮助人们正确认识社会道德生活的规律和原则，认识人生的价值和意义，认识自己对家庭、他人、社会的义务和责任，使人们的道德实践建立在明辨善恶的认识基础上，从而正确选择自己的道德行为，指导自己的道德实践，积极塑造自身的道德人格。 借助的形式：道德观念、道德准则、道德理想等。 作用：①帮助人们正确认识社会道德生活的规律和原则。②认识自己对家庭、他人、社会的义务和责任，使人们的道德实践建立在明辨是非的认知基础上，从而正确选择自己的道德行为，积极塑造自身的道德人格。	

续上表

教学环节	教学过程	教学设计意图
教学内容 二、道德的功能与作用【教学重点】	2. 道德的调节功能——解决行的问题 【案例教学法】 偷车人为什么脸红？反映了道德的什么功能？ 一个年轻人发现自己的自行车丢失，一怒之下偷了别人的新车，跑回家后，却发现装有1 000多元钱的钱包忘在那里，于是又着急骑车跑回去找。 只见一位20多岁的女孩正拿着自己的钱包等在车棚，问了几句，还了钱包，那女孩说“我的车被人偷了，我身上没带钱，你先借我2元，我坐车回去，留个地址，我明天还给你。” 偷车人脸一红，用他自己的话说：“真希望天上响个炸雷，将自己肮脏的灵魂炸个彻底。”他发誓：今生绝不再做亏心事。 道德的调节功能是指道德通过评价等方式，指导和纠正人们的行为和实际活动，协调人们之间关系的功效与能力。这是道德最突出也是最重要的社会功能。道德评价是道德调节的主要形式，社会舆论、传统习惯和内心信念是道德调节所赖以发挥作用的力量。如果道德反映社会发展的客观必然性，就能引导和激发人们的主动性和积极性，不断调节社会整体和个人的关系，使个人与他人、个人与社会的关系逐步完善和谐，使人们的行为逐步从“实有”向“应有”转化。在社会生活中，道德调节并不是孤立进行的，而是和其他社会调节手段密切配合，共同发挥调节效用。 3. 道德的规范功能——帮助人们学会如何做一个好人 在正确善恶观的指引下，规范社会成员的行为，并规范个人品德的养成。 除了上述主要功能，道德还具有其他方面的功能，如导向功能、激励功能、辩护功能、沟通功能等。	通过案例，解释道德的调节功能。
	（二）道德的社会作用 【案例教学法】 中国历史上历次起义或革命的口号。 夏朝奴隶起义口号：“时日曷丧？予及汝偕亡！” 陈胜、吴广起义：“王侯将相宁有种乎？” 绿林赤眉起义：“刘氏复起，李氏为辅。” 东汉黄巾起义：“苍天已死，黄天当立；岁在甲子，天下大吉。” 宋王小波、李顺起义：“吾疾贫富不均，今为汝等均之！” 宋钟相、杨么起义：“法分贵贱，非善法；我行法，当等贵贱，均贫富。” 明末李自成起义军口号：“吃他娘，穿他娘，开了大门迎闯王，闯王来了不纳粮！”	通过案例，解释道德是阶级斗争的工具

续上表

教学环节	教学过程	教学设计意图
教学内容 二、道德的功能与作用【教学重点】	太平天国洪秀全起义："一律平均。""无处不均匀，无人不饱暖。""天下人田，天下人同耕。" 八一南昌起义："独立领导人民军队，武装反对国民党，并进行土地革命。" 【研讨教学法】 据此案例说说道德都有什么样的作用？ 1. 道德的社会作用 道德能够影响经济基础的形成、巩固和发展。 在阶级社会中，道德是阶级斗争的重要工具；道德对其他社会意识形态的存在和发展有着重大的影响。 道德是影响社会生产力发展的一种重要的精神力量；道德通过调整人们之间的关系维护社会稳定。 道德是提高人的精神境界、促进人的自我完善、推动人的全面发展的内在动力。 在看到道德具有重大的社会作用的同时，也必须看到道德发挥作用的性质并不都是一样的。道德发挥作用的性质与社会发展的不同历史阶段相联系，由道德所反映的经济基础、代表的阶级利益所决定。 社会主义道德在社会主义精神文明中占有重要地位。它对于社会发展的能动作用，比历史上任何道德体系都更加广泛、更加深刻、更加强大。它对于增强大学生成才的动力、提高大学生的全面素质、优化大学生的成长环境具有不可或缺的重要作用。 2. 正确评价道德的社会作用 反对两种极端的看法： (1) 道德万能论。片面夸大道德的作用，认为道德决定一切、高于一切、支配一切，只要道德水平高，一切社会问题都可以迎刃而解。这种观点的根本错误在于，颠倒了社会存在和社会意识、经济基础同上层建筑之间的决定与被决定的关系，否定了物质资料的生产方式在社会发展中的决定作用。 (2) 道德无用论。从根本上否认道德的作用，或者通过强调非道德因素的作用来否定道德的积极作用，或者通过强调道德的消极因素来否定道德的积极作用。这种观点的根本错误在于，忽视了道德作为上层建筑的重要组成部分，一方面由经济基础所决定，另一方面对经济基础和生产力发展有一定的反作用。片面强调其消极方面，或从根本上忽视其积极方面的存在，必然不利于道德作用的发挥	

续上表

教学环节	教学过程	教学设计意图
教学内容 三、道德的变化发展（略讲）	**（一）道德发展的历史类型** 1. 原始社会的道德 道德原则是维护氏族和部落的共同利益；道德规范是热爱劳动、团结互助、平等民主，勇敢刚毅；道德缺陷是氏族复仇、血缘群婚和食人之风。 2. 奴隶社会的道德 维护奴隶对奴隶主的绝对屈从和人身依附；鄙视劳动和劳动者；强调对奴隶主国家的绝对忠诚；信奉男尊女卑、男主女从。 3. 封建社会的道德 维护封建的宗法等级关系，是封建社会道德最突出的特征；“三纲五常”是中国封建社会最基本的规范；道德的政治化、宗教化、规范化、理论化是封建地主阶级道德的重要特征。 4. 资本主义社会的道德 个人主义和利己主义是资本主义的道德原则；自由、平等、博爱是基本的道德规范；唯利是图是占主导地位的道德规范。 5. 社会主义社会的道德 社会主义道德就是在社会主义经济基础之上产生的，反映社会主义的本质特征，在社会主义社会占统治地位的道德体系。 **（二）道德发展的规律性与进步性** 1. 道德发展的规律性 人类道德的发展，是一个曲折上升的过程。道德发展的规律性是：人类道德发展的历史过程与人类生产方式的发展进程大体一致。道德发展的总趋势是向上的、前进的，虽然在一定时期可能有某种停滞或倒退现象，但在总方向上，道德是沿着曲折的道路向前发展的。 2. 人类道德进步的主要表现 道德在社会生活中所扮演的角色越来越重要，对于促进社会和谐与个人完善发挥着越来越突出的作用；道德调控的范围不断扩大，调控的手段或方式不断丰富、更加科学合理；道德的发展和进步成为衡量社会文明程度的重要尺度。社会主义和共产主义道德，是人类道德发展合乎规律的必然产物，是人类道德发展史上的一种崭新类型的道德，是对人类优良道德传统的批判继承，并必然随着社会的进步和实践的发展而与时俱进	

续上表

教学环节	教学过程	教学设计意图
课程结束	【现代诗结课法】 德国宗教改革领袖马丁·路德说： “一个国家的繁荣， 不取决于它的国库之殷实， 不取决于它的城堡之坚固， 也不取决于它的公共设施之华丽； 而在于它的公民的文明素养， 即在于人们所受的教育， 人们的远见卓识和品格的高下。 这才是真正的力量所在。” 可见，道德是个人安身立命之本，是社会兴旺发达之基。那么，同学们该怎样明德守法、践履德行呢？ 那就是我们下两章欲给大家介绍的家庭、职业及公共生活中的道德与法律。 明确了这三大领域的道德与法律要求，并在生活中躬行践履，同学们才能从知道德、讲道德的人真正提升为“内正其心、外正其容”的有道德之人！	用“现代诗”来加深学生对国家的情感体验。 用承上启下的方法结束本章课程，导出下两章的内容

六、教学评价

通过本节课的教学，学生对道德的理解更加深刻了，学生理解了道德的本质、道德功能以及道德的发展。在此基础上通过案例的讲解，学生进一步认识到，一个人只要在社会中生存，就必须自觉遵守相应的道德要求，就必须用道德规范指导自己的实践，追求崇高道德境界，所以，本节课教学基本达成了教学目标。

七、教学反思

通过本节课的教学，我主要有以下几点感受。

（一）教学实际

本节课总体上比较成功，较准备时发挥得更好，特别是对教学案例的剖析要比准备时更有深度。教学中也存在一些问题，个别内容安排不是很合理，导致讲课时临时跳过，在一定程度减少了课堂的艺术性。另外，对于"'狼孩'有没有道德意识?"这个问题的解释，逻辑上有待进一步的梳理。

（二）教学理念方面

本节课教学主要运用了以下教育理念。

1. 以人为本的教育理念

本节教学采用多种教学方法，以学生为中心，创设问题情境，激发学生的学习兴趣，与传统被动的"要我学"转变为"我要学"，这种转变对激发学生学习的积极性，鼓励学生积极创新有重要意义。

2. 素质教育理念

本节课教学在教学设计时就特别注意把素质教育理念贯穿于整个教学中，特别是对道德的意义的讲解，通过案例对比，学生认识到道德无论对于个人的成长成才，还是对于国家的发展都有着重要意义，从而提升学生道德水平的自觉意识。

（三）教学方法和教学过程方面

本节课教学主要运用了案例教学法、讨论法、视频教学法等，一方面丰富了教学过程，激发了学生学习的积极性，另一方面也体现了对"以人为本"教育理念的践行。

后　记

为了深入挖掘广东省第五届高校（本科）青年教师教学大赛成果，真实反映广东省高校优秀青年教师教学水平，展示教师教书育人特色，提升高校教师锤炼教学基本功的能力，充分提高教学大赛辐射引领作用，助力更多的本科高校青年教师成长为"有理想信念、有道德情操、有扎实学识、有仁爱之心"的"四有"好老师，我们编著出版了《广东省第五届高校（本科）青年教师教学大赛成果集萃》一书，以飨读者。

本书教学资料的收集与初稿校对，适逢举办 2021 年全国创新大赛之际，不少入围教学大赛一等奖的选手还要争分夺秒备战创新大赛，同时作为教学科研骨干力量，许多老师还承担大量的教学工作和重大项目的申报工作，为了保障出版进度的顺利推进，这些老师常常加班加点，利用难得的休息时间核对文稿。编委会常常收到老师们深夜发来的邮件反馈，被这些优秀人民教师爱岗敬业、不求回报、无私奉献的精神所折服，深感只有认真再认真做好本书的编辑出版工作，才能对得起这些老师的辛苦付出。编委会在承担繁重的教育研究工作之余，按照出版社专业的意见，积极联系课例作者，为本书的顺利出版做好桥梁和纽带作用。

本书的出版实属不易，是课例作者、出版社和编委会通力合作的结晶。本着对作者负责、对读者负责的原则，编委会和课例作者、出版社密切配合、顺畅沟通、通力协作，从出版选题论证到出版体例确定，从"三审"到文稿的逐篇逐字校准，从排版样式到成书格式，都凝结了广东高等教育出版社高等教育编辑部副主任邱丽芳女士，责任编辑冯沪萍、严颖女士，美术编辑丁庆生先生的大量心血，也获得了课例作者的大力支持和积极配合，在此谨对他们表示真诚的谢意。

编委会

2021 年 6 月